# 免费商业思维

李祖喜　著

华夏出版社
HUAXIA PUBLISHING HOUSE

**图书在版编目（CIP）数据**

免费商业思维 / 李祖喜著. ‒‒北京：华夏出版社，2018.9

ISBN 978‒7‒5080‒9477‒9

Ⅰ.① 免… Ⅱ.① 李… Ⅲ.① 商业经营 Ⅳ.①F713

中国版本图书馆CIP数据核字（2018）第075646号

**免费商业思维**

作　　者　李祖喜

责任编辑　许　婷　陈　迪　王秋实


出版发行　**华夏出版社**

经　　销　新华书店

印　　刷　北京京都六环印刷厂

装　　订　北京京都六环印刷厂

　　　　　2018 年 9 月北京第 1 版　2018 年 9 月北京第 1 次印刷

开　　本　880×1230　1/32开

印　　张　7

字　　数　120 千字

定　　价　39.00 元


**华夏出版社**　网址 :www.hxph.com.cn 地址 : 北京市东直门外香河园北里 4 号 邮编 :100028

若发现本版图书有印装质量问题，请与我社营销中心联系调换。电话：（010）64663331（转）

免费思维可以是一种商业策略，也可以转化为一种产品，但实质上，它是一种可以创造价值的商业思维。

本书阐述了传统行业中对于免费的运用，以及互联网时代的免费模式。自免费思维出现到现在，一百多年里人们都在讨论着"该不该收费"这个问题。"免费"的根本问题在于真正的免费如何盈利，只有当免费为商家、用户、广告主等多方主体创造价值时，真正的免费才是可行的。

免费思维的出现造就了很多企业，成就了一批又一批的企业家。互联网企业的生存之道就是利用免费思维吸引海量用户，用户流量就相当于价值无可估量的资源。当下，互联网使我们收集信息变得越来越容易，对于网络资源的利用程度决定了企业的生存与发展。正如免费的QQ成就了马化腾的腾讯帝国，免费的搜索成就了谷歌、搜狐、百度等各大门户，免费的杀毒软件使奇虎360在国际化的道路上越走越远，整合资源，实现共赢已经成为一种趋势。

# 目 录
CONTENTS

第二章

# 易货思维

第三章

# 差价思维

第四章

# 平台思维

# 第一章

# 免费商业思维

## 传统的免费是一种手段，
## 真正的免费商业思维是一种战略

在传统的定义与认知中，"免费"所表示的含义是不收费，指不以货币交换的形式换取事物，与收费的意思相对。在商业中，"免费"最大的魅力就是它可以引起消费者的注意，唤起他们强烈的消费情绪，让他们产生消费的冲动。

然而，商家都在绞尽脑汁地想着怎么从消费者手中获取更大的利益，而消费者考虑的是怎样花钱最少却得到最多。很多消费者心中会有这样的思维定式：商家打出的各种促销手段不过是圈钱的套路，比如说日前被曝光的声名狼藉的"某天超市"。

位于北京市朝阳区的一家"某天超市"对多款商品都进行了假

促销。在该超市中，多款商品标示的所谓的"促销价格"，实际就是原先的价格，而商家标示的所谓"原价"都是虚构的，如福临门水晶米 5Kg/ 袋标示"原价 52.90 元 / 袋现价 29.90 元 / 袋降价期间 01/20—02/02"，经过发改委查实，该商品的原价实际就是 29.90 元；"五粮液 52 度豪华五星级 500ML/ 瓶"标示"原价 598.00 元 / 瓶现价 139.00 元 / 瓶"，经查实，该商品的原价实际就是 139.00 元；"五粮液 52 度名家风范绵柔 500ML/ 瓶"标示"原价 498.00 元 / 瓶现价 59.90 元 / 瓶，降价期间 01/20—02/07"；2017 年 1 月 20 日卖的"52 度西凤年份封藏酒"，标示"原价 268.00 元 / 盒现价 49.80 元 / 盒"，但经查实，该商品的原价实为 55.00 元。商家利用抬高商品价格后再促销的方式使消费者以为自己捡到了大便宜，而商家也在不知不觉中走向自我毁灭。

亚马逊在 2000 年 9 月中旬进行了一项著名的差别定价测试。当时亚马逊选择了 68 种 DVD 碟片进行动态定价测试。在此次测试中，每种碟片的报价都是根据潜在客户的人口统计资料、在亚马逊网站上的购物历史、上网行为以及上网使用的软件系统来确定。例如，名为《泰特斯》（Titus）的碟片对新顾客的报价为 22.74 美元，而对那些对于该碟片表现出兴趣的老顾客的报价则为 26.24 美元。亚马逊想通过这一定价策略来获得销售额的毛利率增长，他们也确实达到了目标。而部分顾客付出了比其他顾客更高的价格。但是好景不长，在信息快速传播的现代社会，消费者很快就知道了这个秘密。消费者经常会在音乐爱好社区进行交流，就在这一差别定价策略实施不到一个月，这个秘密就被传开了。那些付出高价的顾客当然很不满，消费者在网上对亚马逊的做法口诛笔伐，引起了轩然大波。有人甚至公开表示以后绝不会在亚马逊的网站上购买任何东西，这对亚马逊很不利。面对日益激烈的批评言论，亚马逊首席执行官只好亲自出马向消费者道歉，并答应给所有在价格测试期间购买这 68 部 DVD 的消费者以最大的优惠折扣购买其他商品。

至此，亚马逊的价格测试失败了。公司对外表明自己的使命是以顾客为中心，但事实上它为了自己的利益违背了原则，在消费者心中失去了信誉。亚马逊不仅在经济上蒙受了损失，它的声誉也受到严重的损害。

这种传统的免费模式并不是战略性思维，而是商家促销的一种手段。例如抓鸟，直接追赶着逼它飞进笼子，只会把它吓跑，要想办法让它自愿钻进笼子。什么办法最能诱惑它呢？无非就是投其所好，给它喜欢的食物。对于消费者来讲，每一个人在购买东西的过程中都想要有利可图，俗话说就是期望"天上掉馅饼"。商家利用顾客的这种心理，创造了免费商业思维。有时候打着"免费"标语的商品确实不用掏钱，这种营销模式并非什么新鲜事物。"免费样品"是一种简单的营销手段，所谓的"免费"并非真的"天上掉馅饼"。"满200减100"，只是打五折的另一个说法罢了；"内有免费赠品"，其实赠品的成本已经包含在总价里了；"免运送费"，一般送货的成本已经包含在总价中了。

然而，任何一种商业手段都无法长期留住消费者。显然，"手段"就像一种谎言，纸又怎能包住火呢？在本书中，我们要分享给各位读者的免费商业思维并不是一种手段，而是战略型思维与创意型思维。

当下，实体门店的利润下降，生意不景气，实体店纷纷倒闭，很多人把原因归咎于线上销售的兴起与繁荣。线上消费的确对实体经济产生了巨大的冲击。据统计，仅 2016 年 11 月 11 日，天猫全天总交易额达到了 1207.49 亿，其中无线交易额占比 82%，交易覆盖 235 个国家和地区，全天总交易笔数达 10.5 亿，共产生 6.57 亿笔物流订单。支付宝支付峰值每秒 12 万笔，花呗支付占比 20%，最受用户欢迎。当年天猫服饰、美妆、电器城、手机、快消食品、天猫国际等类目都保持强劲增长。天猫电器城"双 11"开售仅两小时，就有超 2000 个品牌的交易额超过去年全年总额。据不完全统计，当天共有 94 个品牌的成交额过亿元。其中优衣库用时 2 分 53 秒销售额破亿元，再次创造纪录，成为 2016 年"双 11"全品类中第一个"亿元俱乐部"玩家。

然而，阿里巴巴的创始人马云却这样说："并不是实体经济不行了，而是你的实体店不行了。"

实体经济真的不行了吗？如果答案是肯定的，也许，我就不会再为实体经济写这样一本书了。

同样是实体店，有的门可罗雀，无人问津，有的却每天都能吸引 700 多个消费者，这样的店是怎么做到的？

位于东京的时尚潮流区原宿，有一家时尚试客营销精品店"体验工坊"(SampleLab)，消费者每次最多可以得到 5 种免费商品，包括蜡烛、面条、面霜等，有时候消费者还能免费得到售价高达 50 美元的电脑游戏软件。那么就会出现一个问题：将这些商品免费赠送，那这家店怎么来获取利润呢？

这家店还有个特别之处，并不是任何人都可以进入，只有支付了每年 13 美元注册费和年费的会员才被准许进入，而且必须要提前一个星期预约才可以。由于这种特别的风格，它非常受年轻人的喜爱和追捧。这家精品店拥有 47000 名会员，每年都会得到一笔不算少的会员费。

另一笔可观的收入来自货架空间租赁费。因为这家精品店在当地非常有名，商家很愿意免费给它提供展品，甚至愿意支付 2000 美元来展示两个星期商品。商家展示商品可以提高精品店品牌的知名度和顾客对商家的认知度，这对于双方来说是很愉快的合作。这家精品店一次最多能展示 90 种商品。

通过提供超值商品的做法，体验工坊把它的大多数会员都转变为固定消费群体。这也是商家可利用的资源。这些会员通过填写在线问卷调查、纸质的调查表或者是接受手机通话调查的方式来反馈信息。商家要想获取这些数据，需要支付 4000 美元的信息费。如果在精品店展示商品的商家中有 20% 的商家需要这些信息反馈，那么体验工坊得到的信息反馈收入差不多相当于货架租赁费的一半。

这家店成功的秘诀在哪里？在于它不再是一家传统卖货的实体店，而是一个为会员提供优质服务的地方。因此，这里的所有商品都是免费的，但是成为它的会员是要收费的，这就是战略性的免费思维，它不是一种促销手段。

实体经济并不是没有市场，而是我们的商业模式落后了。无论什么经济模式，一定要有开放和包容的心态。没有一个商业模式是完美无瑕的。认识错误，发现新的选择，再次尝试。找到立足点，就会为自己积累财富。商业思维总是被颠覆，但是永远不会被颠覆的是信念，失败并不意味着能力已经达到极限，而是意味着必须努力思考，再做尝试。"尝试、失败、分析、调整、再次尝试"，永不停歇地重复做着这些步骤。

# 顾客为什么只对免费感兴趣

我们喜欢免费是因为人在购物的时候都会思考为此掏腰包到底值不值，也就是对商品价值的衡量，因为付款是一件痛苦的事情。对于消费者来说，价格不仅是货币的度量，还是心理上的度量，在物物交换中人们也会衡量两件物品是否等价，人们本能地不想吃亏。这种行为被称作"等价认知思维"。如果零付出可以得到某件物品，消费者得到了心理的满足，那将会是非常轻松愉快的感受。从心理学角度讲，人们往往还会担心别人把自己看成是一个爱占小便宜的人，同时又会想反正不拿白不拿。零价格有一个好处，就是它不会让人们产生对商品价值的思考，不用去纠结该不该买、买哪个的问题。

人们本能地会犯懒，如果没有必要去动脑子思考的话，我们都不愿意动脑筋，因此我们往往会选择那些最不需要费脑子的东西。

"免费"使我们感觉良好，并且"免费"从不会贬值，即便我们的选择出现了错误，因为我们没有付出任何代价，所以不会感觉失去了什么。

有人在 2006 年做了一个实验，想象一下你在超市选购亚马逊的礼品券，你会选择下面哪种价位呢？免费得到一张 10 美元的礼品券或是花 7 美元得到一张 20 美元的礼品券。如果你的本能反应是选第一种价位的礼品券，那么你与实验中的几乎所有人的选择是一样的。但是当你回到家仔细一算，你发现其实第二种更划算，因为那样你得到的是 13 美元的免费礼品券，但是我们更愿意不花费一分钱去得到，因为这么选择没有成本，更安全。就算拿回家使用不到，我们也不会感觉有什么失落。现在比较以下两种价位，你更倾向买哪张礼品券呢？第一种是花 1 美元得到一张 10 美元的礼品券，第二种是花 8 美元得到一张 20 美元的礼品券。如果你的选择与实验中的多数人（64%）一致，那你一定是选了 20 美元的礼品券。免费具有让人丧失理智的力量。请注意这次这两张礼品券的价格都比之前涨了 1 美元。10 美元的礼品券从免费涨到 1 美元，20 美元的礼品券从 7 美元涨到 8 美元。抛开了令人丧失理智的免费面具，多数人发现买 20 美元的礼品券更划算。

"免费"是消费者能得到的一种选择。如果你不能爽快地给予消费者，那么其他人会找到办法将"免费"给予消费者。

曾经辉煌的跨国企业 Better Place 公司，在一个高油价时代，开创了汽车业的新格局。在当时，买回来一台汽车，你除了要对它精心保养，有可能每年还要再掏上 3000 美元支付高昂的油费，使用成本太高，以至于高过汽车的价格。这在消费者的等价认知思维中是不可行的。睿智的 Better place 公司借鉴了手机业的经验，决定免费送出汽车，而使用条件是根据你的行驶里程来收取费用。这确实要比自己买汽车更划算，顾客很愿意接受这样的方式。

Better Place 公司采用这种战略，是因为公司生产的都是电动汽车，而电能的价格比汽油要便宜。用车的条件为签署一项为期三年的合约。因为汽车是电能制动，配置一个专用的充电池，你需要时常给它充电，在家或者户外都可以。当时 Better Place 公司的分部只在以色列、丹麦、澳大利亚和旧金山湾区才有，在这些城市自然都建有公共充电站，如果你找不到，汽车的 GPS 系统会告诉你。

在 Better Place 公司最大的市场以色列，每加仑的油价比让汽车行驶同样里程所需的电价要贵 3 美元。而在欧洲这些发达城市，可再生能源丰富，油价也更高。两者的差价能达到 4 美元。Better Place 公司正是用这一差价来补贴自己的汽车成本。

公司预见会有两种消费者，所以采取的策略也不一样。第一种是掏钱买车而想免费得到电池的顾客，公司把车的每英里的租用价格定得很低，比正常油价要低。因为公司坚信油价还会上涨，并且比电价长得快。比如某位消费者每年驾车行驶 10000 英里，假设每英里的正常油耗是 0.15 美元，公司把价格定为 0.12 美元每英里，而电能价格实际上是每英里 2 美分，这样一来，这台汽车每英里都给了公司 10 美分的利润，一年就是 1000 美元。一块电池最多能用十年，这 1000 美元足够补贴汽车电池的损耗。如果真像公司预想的那样，油价不停地涨，和电价差距越来越大，那公司就要赚翻了。

第二种顾客是不想掏钱买车，以租车的形式来生活的人。每英里的租用价格要比正常油价高，比如某位消费者每年驾车行驶 15000 英里，每英里的租用收费是 0.5 美元，每年的盈利也足够支付汽车和电池的损耗。随着汽油的相对价格变得比电价更高，这种生意就更好赚了。

暂且不考虑经济收益，这种运营方式的非经济收益则更大。因为公司的电动汽车不会排放出温室气体，也不需要依赖进口的石油资源，这一优势就使得公司有条件申请各项政府补贴，从而能够帮助它支付开拓新兴市场的前期投入。这样一来，公司就可以把业务扩展到经济成本划算的其他市场。

免费为什么会这么诱人呢？国际知名经济学家丹·艾瑞里解释说："多数交易都有有利的一面和不利的一面，但免费使我们忘记了不利的一面。免费给我们造成一种情绪冲动，让我们误认为免费物品大大高于它的真正价值。为什么？我认为是由于人类本能地惧怕损失。免费的真正诱惑力是与这种惧怕心理联系在一起的。我们选择某一免费的物品，就不会有显而易见的损失。但是假如我们选择的物品是不免费的，那就会有风险，可能做出错误的决定，可能蒙受损失。于是，如果让我们选择，我们就尽量朝免费的方向去找。"

在《怪诞行为学》的第三章中写到，丹·艾瑞里将一块原本 5 美分的普通巧克力降价为 1 美分，而将一块定价 50 美分的高档巧克力降价为 15 美分，让人们选择购买哪种巧克力。多数人理性地选择了高档巧克力。然后将两种巧克力各降价一美分，普通巧克力的价格从 1 美分降价到免费，高档巧克力从 15 美分降价到 14 美分，又进行一次二选一的购买实验，结果几乎所有人都选择免费的巧克力。

就像亚马逊做礼品券的测试一样，仅仅是一美分的价格差却让人们的购买行为差别这么大。当普通巧克力还要钱时，人们大都比较理性地选择了高档巧克力，因为它的优惠更多，性价比更高。但是当普通巧克力免费时，人们却不再考虑优惠的多少，而是大多倾向于选择免费的普通巧克力。

对消费者这种消费心理的观察结果，使得商家愿意尝试免费营销。对于商家来说，免费营销不仅可以让消费者对企业的产品增加认知度，也可以提高产品和企业的可信度。好的免费营销能通过对消费者视觉、触觉、听觉和嗅觉的不断触碰，让消费者对产品品牌及价值深信不疑。当下，差异化的零成本营销是一种很"畅销"的商业思维。

## 为什么你看到的顶级企业都不赚钱，却值钱

为何谷歌花费大量金钱、人力开发出来的搜索引擎可以让人们免费使用？

为何奇虎360的杀毒软件功能齐全，却还让人们永久免费使用？

为何全世界有如此多的志愿者、专家兴致勃勃、乐此不疲地为维基百科、百度百科、搜狗百科等不计报酬地添加新的条目，为开源软件免费贡献时间、精力和智慧？

如果你用传统的商业思维去想这些问题，你肯定会万分困惑。

谷歌可以说是免费商业思维最成功的代表，它一直倡导免费。为了与微软的版权收费策略"叫板"，谷歌先后把图书馆资料检索、

邮箱、地图、照片管理、办公软件等免费，结果谷歌成了全世界最大的互联网公司。

谷歌并非第一家以搜索业务为主业的公司，但它却使其做到了行业内最大。

第一家以搜索为主要业务的公司叫作 Altavista，是 DEC 公司的一个研究项目，该公司曾经因为成功开发了第一台微型电脑而闻名业界。1994 年，vista 是那个时代搜索功能最强劲的引擎，能存储 10 亿个单词和 1000 多万个文件。在它发布的第一年内就接待了 40 亿次查询，广受媒体追捧。1997 年，Altavista 已经是搜索业务的王者，同雅虎和美国在线并称为网络世界的三大热门，但是它却半路"夭折"了。

由于母公司 DEC 公司犯了一系列的战略错误，Altavista 最终落到了雅虎手中，在当时的搜索市场中，雅虎便一家独大了。雅虎刚开始把自己定义为门户网站，在搜索领域不是很擅长，在谷歌崛起之后很长时间里，雅虎并没有意识到双方的竞争关系，甚至很长时间都把自己的搜索业务交给谷歌来完成。

为什么要这样做？雅虎原总裁蒂姆库格道出其中的理由："搜索如果成为一项独立的业务需要大量的资金，因为它占据太多的存储空间和宽带资源。现在的经济情况还不适宜做出这个投资决定。"但他却非常看好新崛起的谷歌，他鼓励公司新任总裁商谈与谷歌的并购，可惜他没有如愿。后来，雅虎通过并购 Altavista 进入搜索领域，但为时已晚，谷歌已经成了搜索业的垄断者，雅虎只占有 17% 的市场份额。如今，谷歌依然占据搜索市场 60% 以上的市场份额。

1998 年 9 月 7 日，谷歌正式成立。它的第一个大客户是当时访问量最大的网景公司，网景的许多用户决定将谷歌当作自己的搜索引擎。在谷歌出现之前，很多人是选择网景的，当时网景把谷歌当作搜索引擎技术伙伴，有不少人才最终流向了谷歌。

谷歌虽然垄断了搜索业务，但一直到 2001 年，公司也没有找到成功的盈利模式。它的成功要归功于一位风险投资人比尔·格罗斯，他投资 Overture 并用出售排名的方式招揽广告。借鉴 Overture 的经验，谷歌在改进版的 AdWords 系统中，增加了竞价机制和按点击量付费的机制。与 Overture 不同的是，AdWords 的广告排名顺序不能单靠花钱买来，而是综合考虑广告受欢迎的程度，引入点击率因素，来决定排序的变化。这本来是一项纯粹的商业策略，但意外地获得了新闻界的赞誉，认为不靠金钱买排名是谷歌"不做恶"文化的又一具体体现。在这之后，谷歌开始以搜索业务为核心进行扩张，开发了办公软件的网络版、电子邮件、微博、聊天、社交、图片、地图、电子图书、浏览器、手机操作系统等将近 100 多种产品。

谷歌到底在做哪一行？当然是致力于搜索事业。不过，谷歌并没有从授权搜寻引擎技术赚到钱，而且还免费提供各种网络服务，从电子邮件、文件管理、地图、文书处理、社交网络、电话查询服务到影片播放都有涉及。谷歌不在处理实体商品的行业，但它也并没有完全脱离实体的牵制，因为计算机设备还得在实体店购买，同时还需花大笔经费在电费上。谷歌既不生产也未控制任何原创的内容，而是组织网络上现有的内容（拥有内容，会让谷歌与那些提供内容的网站产生竞争关系）。终极而言，谷歌是在做组织和知识的行业。谷歌比任何人都了解我们知道些什么、我们想知道什么、我们如何使用这些知识，但谷歌并未因此获利。谷歌的利润来自广告，其广告业务之所以如此成功，是因为谷歌精于搜寻，同时有太多人使用谷歌的服务，有大批量的人在使用即意味着拥有海量用户数据，所以它能提供给用户非常准确有效的广告。

不得不说谷歌在商业方面的思维具有超前意识，而商业模式的好坏直接决定企业的成败。与谷歌相比，同样是起步晚，同样是免费商业思维，同样是短短几年就崛起，不同的是奇虎360是全球最大的软件安全公司。

2006年奇虎360推出第一款永久免费软件——360安全卫士，直到2015年6月，用360手机卫士的智能手机用户累计数达7.99亿，领跑国内手机安全软件市场。360手机卫士的用户数量及市场份额的不断攀升，一方面离不开国际领先的病毒查杀技术，另一方面得归功于周鸿祎的免费战略。

大众眼中所能看到的360系列软件样样免费，体验佳，这么大的公司靠什么来赚钱？就连很多业界人士也猜不全它的收入来源。

增值服务是很多互联网企业都必选的一种赢利方式。腾讯 QQ 我们免费使用，小游戏免费玩，QQ 空间可以随便刷，但是想要把个人空间装扮得更好看、更吸引人或者达到让别人羡慕，那你就需要开黄钻，装扮 QQ 秀得开红钻，听高品质音乐需要开绿钻。我们打开浏览器，上面会弹出很多小广告，这些都是企业的增值服务，是在主营业务基础上实现的。360 为保证用户不受广告等其他赢利性增值服务的影响，将安全免费服务与其他服务独立运营，在很大程度上提升了用户对免费服务的口碑和忠诚度。而同时 360 将这些用户共享于其他平台上的产品，如 360 安全浏览器、360 游戏浏览器和 360 团购导航等，里面每一个网址链接入口其实都能开发成一个广告位。要想把自己的网址链接放在好的位置，商品厂家就必须支付更多的广告费。很多安全软件都会推出软件管家服务，360 安全卫士也不例外。凡是用户在软件管家中下载软件，软件供应商都要向 360 支付佣金，每次从几分钱到几毛钱不等。以 2008 年为例，奇虎 360 全年近 1700 万美元收入中，34% 来自推荐下载第三方软件的佣金。

有了互联网以后，出现了一种新的模式，商家向你提供一个真正的免费服务，这个免费服务是你可以不花钱永远无偿使用的。当时国内高达 10 亿的个人级安全软件市场份额几乎都被瑞星、金山和江民三大杀毒巨头垄断。消费者最喜欢什么？答案是"免费"。360 的免费杀毒软件一经推出迅速占领了国内软件安全市场，从 2009 年实现营收开始，其营收一直获得持续增长。良好的用户体验以及永久免费使 360 在大众心中获得了优良口碑。从长期来看，360 把网民的安全免费服务放在第一位，其主营业务产品所发挥的作用并不是赢利，而是使其成为沉淀用户和培养用户依赖性的最大入口。可能这项服务一年会花掉商家几千万，如果只有 10 个人用，那当然成本很高，但是如果有 1 亿人用，摊到每个人身上可能连 1 毛钱都不到。所以用户越多，商家的成本越低，想不盈利都难。

在一个具有极强包容力与扩张力的经济市场中，有免费商业思维的企业以顾客为中心，争取顾客基数最大化，培养顾客的黏度，留住顾客，与顾客建立亲密关系。顾客的需求是什么？花最少的钱获得最多的商品或者服务。企业根据顾客的这种需求，看似一味地提供免费服务，背后却藏有巨大的秘密。

"两年时间花掉 15 亿元，可以说我们是最烧钱的互联网初创公司。"滴滴打车首席执行官程维在接受记者采访时，毫不讳言地指出打车行业巨大的资本投入。

一、滴滴和快的的补贴拉锯战

拥有 6 亿用户的腾讯微信是移动互联时代当之无愧大鳄级的入口级应用，其服务能力已经包括移动电商入口、用户识别、数据分析、支付结算、客户关系维护、售后服务和维权、社交推广等。2014 年 1 月，滴滴打车和微信支付一拍即合。想搞点大动作，程维找腾讯要几百万预算来做促销推广，腾讯大方回复说你们的预算太少，最终给了滴滴几千万。

补贴下去，效果惊人，滴滴的成交量暴涨，才一个礼拜补贴就已经破亿元了。

不管对司机还是对用户来说，微信支付都是很方便的。比起传统的绑定银行卡的安全隐患以及使用信用卡有较高的使用门槛，微信支付一键搞定，随时随地付款很便捷；而传统方式操作冗繁复杂，在使用过程中很容易造成用户流失。

看着滴滴打车的势头强劲，快的打车也实行了补贴行动，当时滴滴的补贴已经取消，快的的补贴则更凶猛，对乘客和司机的补贴力度更大。用户的忠诚度都是随时发生改变的，快的的交易数据大增，而滴滴的大幅下滑，形势迅速逆转。滴滴开了一场董事会商议对策，结果是决定继续实行补贴，积累用户。

补贴拉锯战开始，虽然双方的订单量迅速上升，但是烧钱速度越来越快，滴滴打车乘客车费立减 10 元、司机立奖 10 元；乘客返现 10~15 元，新司机首单立奖 50 元。后来快的补贴 10 元，滴滴补 11 元；滴滴补贴 11 元，快的补 12 元。之后产品经理马化腾出了一个主意：每单补贴随机，10 元到 20 元不等，这样对方就完全无法跟进了。直到 5 月，双方各自宣布停止补贴。

## 二、分享营销策略

传统的营销和传播是分离的，而好的营销政策还需要好的传播策略去支撑，不然"酒香也怕巷子深"。在移动互联网时代，滴滴打车将营销和传播合二为一。在消费者使用滴滴打车之后，马上可以一键为朋友分享滴滴红包，分享者获得的红包可以在下次打车时当作现金使用。滴滴出行与阿里旅行、前程无忧、支付宝、微博、饿了么、微信等众多电商入口合作。就以微博为例，微博推出评论电影送出行红包的活动，只要在微博中评论电影就可以获得多达一百多元的滴滴出行红包。

初期单一的补贴打车模式不能成为这些出行平台的长久经营之计，在积累了海量用户和大数据之后，抢占市场，赢利会越来越容易。而有了市场，必须服务过硬才能留住用户的心。滴滴整合了国内一百多家汽车租赁公司，滴滴的司机一部分是和租赁公司签订劳务合同的代驾司机，还有一部分是来自滴滴的自行招募。业务包括顺风车、快车、出租车、专车和代驾等，激发了市场消费潜力。

三、盈利模式分析

1. 广告收入

与传统广告线上或者线下独立发布的方式不同，滴滴的广告业务是线上线下联动一体化发布。商业信息的聚合推荐和导购服务，直接在滴滴打车应用内实现，无须再跳转到第三方，积分商城也更加电商化。目前滴滴打车用户已经突破了1.5亿人，每天交易量最高达到了1000多万单。而一个红包平均有10~15个人分享，一旦发出去，可能就会有十多个人点击，一个用户可以扩散到十几个用户。某企业发出10万个滴滴红包（分享成100万个2元的红包），对于每个红包，广告商也就支付约4毛钱成本，总共是4万元的成本，却赚到了100万个当地点击以及几百万人的曝光率。

## 2. 订单提成

滴滴出行出租车一般直接和出租车公司合作，每单收取 20% 的提成。而专车一般和汽车租赁公司合作，同样收取提成，司机对打车软件没有选择的权利。这样直接和公司合作就有了大量的订单基数和客户数量，市场比较稳定。

## 3. 利用大数据

在互联网时代，大众行为很容易获取，用户在使用一款软件时，软件会记录用户的信息和行为。滴滴打车会记录用户打车的起点和终点，把大量的数据汇总进行分析，总结出频率较高的起点和终点、平均打车时长、易发堵车路段等有用的信息，这就会形成一个类似城市虚拟线路图，每个城市的每条大路小路，都是数据观测点，这些数据就是城市上面的一个个虚拟建筑，有高有低。出现频率越高的地方，数据显示就越高。通常来说，火车站和商业中心以及高校的数据较高。比如在北京，国贸肯定会非常高。就这样通过这些虚拟建筑的高低，腾讯和阿里获取了全国地级以上城市的精确的商业图。通过打车软件可以获取覆盖全中国数亿人口的数据，这是多么值钱的一份信息。企业的策略必须是实时的，所以企业的策略是依托数据分析结果来制定的，否则就会落后于市场。这么庞大的、精确的、翔实的、细致的数据就是信息的价值所在。

在众多案例中，聪明的公司都能让正常的金钱流动方向发生逆转，或者是让某样东西免费，或者是在本应其他公司付账的时候买单。

## 商业的源头是免费

商业是以货币为媒介进行商品交换从而实现商品流通的经济活动，是一种有组织的提供给顾客所需商品与服务的行为。大多数的商业行为是通过以成本以上的价格卖出商品或服务来赢利，如微软、索尼、IBM、联想、通用都是赢利性的商业组织的典型代表。商业源于原始社会以物易物的交换行为，它的本质是交换，而且是基于人们对价值的认识的等价交换。

在原始社会后期，随着生产力的发展，先后发生了畜牧业、农业、手工业的分工，产品有了剩余。为了互通有无，不同部落间的交换活动成为经常的现象。这种以物易物的商品交换是最原始的商业活动。

在母系氏族时代，由于人口的繁衍、生产工具的不断改进，形成了有特定布局的氏族聚居区域，不同区域的自然环境不同使得产品多样化。"通过人所处的环境的变化，促使他们自己的需求、能力、劳动资料和劳动方式趋于多样化"，这样，近山者为猎人，近水者为渔夫，所谓靠山吃山靠水吃水。不同氏族部落之间出现了交换其不同产品的可能性，就把偶然的物物交换的可能性变成了现实，商业开始萌芽。正如马克思所指出的，在文化的初期以独立资格互相接触的不是个人，而是家庭氏族等，不同的公社在各自的自然环境中，找到不同的生产资料和不同的生活资料。因此，他们的生产方式、生活方式和产品也就各不相同。这种自然差别，在公社互相接触时引起了产品的互相交换。从我国河南仰韶村的彩陶遗址和甘肃属于仰韶文化的墓葬中，都曾发掘到作为装饰品用的海贝。陕西临潼姜寨发现的仰韶文化早期原始氏族村落遗址（距今约六七千年）也有贝饰的发现。贝不产于上述的地区而产于沿海一带，在这些地区发现的贝多半是从别的部落辗转而来。

交换的前提是当生产物超出了氏族部落自身消费而有了一定剩余，再根据自己的需要，临时性地以其所有，易其所无。开始的时候交换是以互相赠送礼物的方式进行的，主要发生在有一定血缘关系或亲缘关系的氏族部落之间；后来，有些交换双方并不直接见面，只是把要交换的物品放在部落之间的中间地带，到时各自派人取送，这种最早出现的交换还谈不到什么等价交换。但这种偶然的、稀少的氏族或部落之间的物物交换，对于促进社会分工的产生和社会生产力的发展都有十分重要的作用。至于在氏族内部，由于一切生产资料都是属于氏族公社公有的，实行的是原始共产制、共耕一块田的劳动方式。劳动还不是私人劳动，生产物也未成为私人生产物，社会分工也未产生，这些都决定了在氏族内部各成员之间还不可能发生什么交换活动。

在这种偶然的以物换物活动中，交易双方都会受到各自时间上和空间上的限制。在信息传播并不发达的原始社会，很难找到相互需要对方商品的人，即使需要，也会经常因为数量上的不同而难以成交。随着商品交换在规模上、数量上、频率上和地域上的发展，人们越来越感到以物易物的交换如果不能成交，徒劳往返，浪费时间和精力，很不划算，强烈地呼唤着固定充当一般等价物的货币出现。

进入父系氏族阶段后，随着农业生产的发展和畜牧业的兴起，手工业也逐渐从农业中分离出来，产品既包括生产资料也包括消费品，出现了直接以交换为目的的商品生产。商品交换不但经常化，而且从近地贸易向远地贸易延伸，也逐渐出现了私有产品在私人之间的交换。

关于原始社会人们对商品交换的认识，尚无系统史料可寻，只能从有关记载原始社会经济活动的一些片段资料中去分析。神农氏炎帝作为农耕始祖也重视商品交换。相传是他创立了市场和贸易活动。"神农氏作日中为市；集天下之民，聚天下之物，交易而退，各得其所"，原始人在重视农业的前提下也重视商品交换活动。

随着商品生产的发展和市场的扩大，在奴隶社会初期出现了不从事生产、专门经营商品买卖的商人阶层。在《尚书·酒诰》上记载有殷人"肇牵牛远服贾"，意思是说商代有人专门用牛车到远处做买卖。商朝人使用的货币是贝类，有海贝、骨贝、石贝、玉贝和铜贝。货币作为价值尺度来衡量商品的价值，使不同品种、不同质量、不同体积的各种商品都能通过货币进行价值换算，使市场上从事商品交换的人不再为买卖的时空限制而苦恼，在市场上没有自己所需的商品或商品数量不符时，就可先卖掉自己的商品，获取一般等价物货币，以便随时用来购买自己所需的商品。货币把买卖一次性完成的商品交换活动断裂为两个独立的活动。

商代后期出现了铜币。市场上交换的商品也丰富起来，有奴隶、牛马、兵器、珍宝等。但是商业在当时社会经济中的作用仍然比较微小。一直到春秋战国时期，私商兴起，一些大商人周游列国做起生意，涉及政界、商界的活动，其地位和声名也随之上升与远扬。

秦始皇统一中国后，统一货币、度量衡，当时城市的市场有固定的地点，叫作"市井"，市井设有供摆设出卖商品的店铺"商肆"（又叫"市肆"），同类商品集中在一起，称作"列肆"。凡在市井营业的商人，须向市井官署登记，交纳市租。秦朝修驰道，开关梁，促进了中国商业的发展，也使中外贸易逐渐发展了起来。

到了宋代，商品经济有了新发展，市场取消了营业时间的限制。市场上的商品来自四面八方，应有尽有。有南方的米、果品、茶叶、丝织品；有沿海的水产；有西北的牛羊、煤；有成都、福建、杭州的纸、印本书籍；有两浙的漆器；各地的陶瓷器、药材、珠玉金银器等。日本的扇子，高丽的墨料，大食的香料、珍珠等也在市场上销售。随着商业和商行组织的发达，北宋时，市场上开始出现卖货时不用现钱的信用交易"赊卖"和官营的汇兑机构"便钱条"。当时货币铸造量猛增，仍满足不了需要，出现了世界上最早的纸币"交子"。手工业生产者为了推销商品，维持信誉，还设计使用了商标。有一家专造功夫细针的刘家针铺，以白兔为商品标记。这块印制白兔商标的铜版陈列在中国历史博物馆，它是我国目前发现的最早的商标。

传统的商业一直遵循着市场规律在运行，谁也想不到在某个时代这种规律会被改变。随着时代的发展和科技的进步，商人也在一步步地摸索，于是各种商业模式相继出现，不再是最初简单交换的单一模式。

现在很火的所谓"免费模式"的领航者是著名的"吉露牌果冻"的发明者伍德沃德先生，他最先开创了这种免费商业思维，成就了一段史无前例的历史。直到现在很多企业家都在追捧这种"思维"。

吉露牌果冻的产生可谓是一波三折，其生产者是纽约勒罗伊镇的一个木匠，他还兼职从事药品包装的销售，并且想进入当时很流行的包装食品行业。当他在厨房里做道菜的时候，他的灵感来了。在 19 世纪晚期，那时的人们都喜爱一种菜品——明胶，但是做这道菜却很复杂。明胶来自肉和骨头，在煮肉的时候，汤汁上面会浮着一层透明黏状物，通常人们都会把它撇到一边。如果你收集了足够多这种物质，并把它净化，加入香料和调制颜色，它就变成了另一种食品——吉露牌果冻。

木匠珀尔·韦特想让明胶变得更好看，不想让人们看到它就想起动物的肉和骨头。在他之前，就已经有人这么做了，明胶的制作工艺就是一个叫彼得·库珀的人发明的。但是明胶的生意并不好做，因为制作过程十分耗费精力。珀尔·韦特想到一个办法，在制作中添加不同的材料，比如糖和不同口味的果汁或者食用色素，这样的明胶最后看起来晶莹剔透而且颜色各异，珀尔·韦特的太太梅将它命名为"吉露牌果冻"。夫妻俩把这道甜点装盒出售。

但是对于这种新产品，美国消费者并不买账，在那时，厨房里的女主人都是按照菜谱做菜，每道菜都有固定的做法。而吉露牌果冻对于消费者来说太陌生，过于奇怪。

人们难免感到疑惑。它应该怎么吃，是作为调料呢还是作为甜品呢？人们并不确定，所以吉露牌果冻的销量并不好。

直到珀尔·韦特把产品以及商标等一系列的东西都卖给了邻居奥雷托·弗兰克·伍德沃德。这个人是一个出色的销售员。他手中的产品都有不错的销量。但是伍德沃德知道这种新产品并不好卖。首先大家不知道它应该怎么吃，再者这个品牌大家从来都没有听说过。而且在那个时代，商品都是要摆在商店里出售的，人们习惯去商店挑选商品，再决定要不要掏腰包，所以吉露牌果冻的市场很难开拓。

他们总结了吉露牌果冻销售不畅的原因。首先必须解决的问题是消费者对产品的不了解。当时，美国力槌公司 (Arm&Hammer) 的烘焙苏打和弗莱施曼公司 (Fleischmann) 的酵母粉之类的包装盒上都附有食用方法手册。如果吉露牌果冻也配有这样的食用指南，销量会不会增加呢？但是这样做的问题是：袋装的产品都没有人愿意购买，成箱包装的更没有销路。1902 年，伍德沃德和他的营销总监威廉·E·哈姆堡尝试了新方法。他们花了 336 美元在《妇女家庭杂志》上刊登了一个版面 3 平方英寸的广告，向消费者介绍了吉露牌果冻的诱人之处——"只要在吉露牌果冻上浇上一层鲜奶油或是薄薄的一层奶油冻，就能成为一道像样的甜品。如果你想做出美味的果冻，那么我们有几百种不同的配方可以供你任意选择。"为了向消费者展示吉露牌果冻各种诱人的搭配方法，伍德沃德的杰纳西纯正食品公司印制了几万份果冻调制指南，并把这些小手册交给销售员让他们免费送给千家万户。

通常人们都是不怎么喜欢销售员的，在当时，做销售员必须有外来销售员证，而且这个证可能需要花费巨资才能得到。如果没有这个证是不允许向当地的住户推销产品的，但如果是免费赠送，性质就变得不一样了。销售员挨家挨户地去敲门，把吉露牌果冻的调制指南送给各家的女主人，免费的东西大多数人不会拒绝，即使是他们可能用不到的手册。这种提供吉露牌果冻的调制手册的方法，促进了消费者的购买需求。比起免费送吉露牌果冻的巨额推广成本，印刷手册的成本要低得多。

在经过一番努力之后，吉露牌果冻终于迎来了巨大的成功，年销售额突破了 100 万美元大关。品牌也被人所熟知，吉露牌果冻已经在美国人的厨房里必不可少。公司后来还推出了"吉露牌果冻女孩"的广告，原来的果冻调制指南也升级成了吉露牌果冻配方手册。著名艺术家诺曼·罗克韦尔、林·鲍尔、安格斯·麦克唐纳都曾为这些手册配图。在几年之中，杰纳西纯正食品公司一共印制了 1500 万本这种免费配方手册。而在公司发展的最初 25 年间，它在美国家庭中散发了大约 2.5 亿本免费手册。

伍德沃德明白免费的力量，他知道免费会让消费者难以拒绝，他也知道"免费"并不意味着无利可图。有人说是他催生了 20 世纪最强大的推销手段——免费派送某样东西，目的是创造另一种需求，而"招徕顾客的廉价品"（1ossleader）一词也进了日后的销售教科书。

# 免费思维的四个类型

免费是一种新型的商业思维，虽然受到很多顶级企业的追捧热推，但是也有采用免费思维而失败的案例，所以在利用这种复合式商业思维的时候，我们需要想清楚几件事，包括公司的产品是什么、目标用户的定位、采用哪种免费模式、免费的成本是多少，以及后期用什么方式来拿回付出的免费成本、顾客是否愿意为此付费等。到现在为止，免费思维的规律不外乎四种：

一、易货思维

| 物　品 | ⇔ | 物　品 |
|---|---|---|

**易货思维**

伏尔泰说："雪崩时，没有一片雪花觉得自己有责任。"我想，这位举世闻名的思想家原本要表达的是，在雪崩的过程中每一片雪花都有自己的责任，但是，在每个个体轻微的作用下，没有谁会想到，这场巨大的震动是由自己导致的。任何一场社会变革与商业革新，都是在无数个个体的不经意的影响下产生的。

任何一种交易的本质即是支付，在货币还没有诞生的时期，最初的支付形式是以物易物。那么，我们讲免费思维，也是从以物易物开始，比如用一头羊去换一把石斧或 15 公斤大米，只要交易的双方互相认可彼此用来支付的物品的价值，这场交易就可以公平、公正地达成。

事实上，任何一场交易都没有绝对的公平，即使在原始社会中的易物交易。具体的交易场景一般是这样的，通常，两个群居的部族中间有一个被公认的交易场地，需要交易的人将要交易的物品放在那里之后就躲起来，等另一个交易人出现并拿走，再把他自己的物品留下，最后躲起来的那个人出来取走等价物。

在一般等价物没有出现之前，唯一的交易形式就是以物易物，随着生产力的发展，货币出现之后，这种交易方式逐渐被取代。尤其是互联网的出现，打破了原来时间和空间上的限制。人与人通过互联网的平台进行交易。这类人被称为"换客"。其中最有名的是一位叫麦克·唐纳德的加拿大小伙子，一年时间里，他用一枚红色大曲别针换得了一幢别墅的一年使用权。

在 2005 年 7 月到 2006 年 7 月，唐纳德进行了十六次交易。

一枚红色曲别针→一支鱼尾形圆珠笔→一件骷髅头把手饰品→一台野营微波炉→一台旧的家用型发电机→一个有纪念意义的啤酒桶＋一张欠单（要装满啤酒）→一辆雪橇摩托车→一个免费度假安排→一辆旧的两用货车→一份录音棚的合同书（50 个小时录音、50 个小时混音制作）→美国凤凰城免费租用一年的双层公寓→与著名摇滚歌星艾丽斯·库珀一起喝下午茶→电视演员科尔宾·伯恩森在新片中提供的一个演员角色→一幢别墅的一年使用权。

"别针换别墅"的案例在当时名声大噪，引起了很多企业的注意，既然人可以在互联网上进行交易，企业为什么不可以呢？至此大大小小的企业加入"换客一族"，实现自己的资源合理配置。对企业来说这样做的好处就是不会产生现金流，可以增加销量、减少库存、销售与采购同步实现，在易货的同时开发了新客户。

百事可乐公司有一个可谓是易货的经典案例。当年他们想在苏联开辟市场，但受制于苏联严格的外汇管制，于是百事用糖水换取了伏特加和货船。这笔易货买卖很划算，在美国，伏特加很受欢迎，完全不用担心它的销路，货船也有用武之地。百事就用这样的方法把可乐卖到了苏联。苏联解体时，我国还用日用工业品换回了飞机。

易货贸易主要有实物商品对实物商品的易货、服务商品对服务商品的易货、实物商品对服务商品的易货。具体表现为：零售易货；批发商、制造商、分销商易货；国际易货；电力易货；广告易货；房地产易货、产权易货、技术易货等，比如北方百业易物联盟的"易房产、易汽车、易酒水"等。

很多企业在运转中难免会遇到这样的问题，如产品销售难、库存积压多、现金流短缺等。而采用易货这种商业思维，通过大数据匹配，互联网线上、线下相结合，不需要现金流转就可以帮助企业将积压的产品换取所需的物品，有利于合理匹配企业资源。不论是企业与企业之间，还是企业与消费者之间，商品都是零支付，获得了其他商品或者服务。很多企业库存量大，积压货卖不出去，通过这样的方式，企业可以更快找到目标客户进行推广营销，交易双方都能获取价值。

从古老的物物交换到互联网时代的易货贸易，其本质是不变的，只是规模发生了变化。

二、差价思维

差价思维

货币出现后，为了保证交易的公平性，差价随之产生。传统的实体店基本都是赚取采购价和销售价之间的差价。比如说在20世纪90年代的安徽，集市上的小贩经常会去浙江的工厂批发被单和别的布料，因为既便宜又好看，每到赶集的时候这些都会被人抢光。这是传统的定价模式，这种方法的赢利点想必人人都能猜到，工厂赚取的是从"原材料"到"成品"的差价，小摊贩赚取的是产品从"生产工厂"到"目的地"的差价。当然，这些都大大地促进了商品的流通，维系了商业繁荣，在支撑起经济发展的同时，也给交易者创造了财富。

免费思维的出现，使消费者不愿意再买传统定价思维的账。在这种情形下，商家要想让希望免费得到产品或服务的相关消费群体能够掏腰包，就利用不同类型的差价思维。例如消费者想得到非常廉价或者免费的A商品，就必须为B商品买单。在1964年，柯达推出了八种机型的拍立得相机，而且定价很低，有一半是在50美元之下，物美价廉的产品备受欢迎。更让人觉得疯狂的是，柯达把用10年研究出来的技术成果慷慨提供给同行，以便各厂家仿造。

随着拍立得相机日渐增长的销量，对柯达的胶卷和冲印服务的需求大大增加，这时人们才明白过来柯达的目的并不在相机。柯达再一次完胜。1976 年，柯达在美国胶卷销量占比达到 90%，庞大的胶卷产业是柯达长期以来获得高额利润的主要来源。柯达在它发展的巅峰时期，汇集了全世界很多高级技术人才，可以说它拥有全世界顶级的技术库，就连如今的 ios 系统最初都是柯达的创造。柯达是第一家研制出数码相机的公司，并且它在研制当年就意识到了数码产品的发展前景。

了解消费者的购买心理，可以为商家带来很大的利润。每年的情人节，哈根达斯都会推出"情侣冰淇淋"，并且免费为情侣提供拍照服务。人们在买冰淇淋的同时还可以得到甜蜜的合照作为纪念，这感觉挺新鲜，哈根达斯的知名度和销量因此大涨。

本来我们本能地会对推销的产品毫无兴趣甚至产生逆反心理，但是很多女性顾客就是经不住诱惑，最后不由自主地掏出钱包。现在商场里就有很多这样老谋深算的推销员。开始时推销员都会笑意盈盈地告诉你可以免费试用，不买也没关系，也不会损失什么。在你稍微犹豫的间隙，推销员快速地拿出试用装，通常一些心软的顾客就会勉为其难地试试看，推销员便抓住机会介绍产品的各种功效，"这款很适合你啊，很衬你的气质，多漂亮啊"，接下来，他们会说这个产品的质量是如何的好，性价比有多高，并强烈建议顾客买一款。经过推销员再三劝说，顾客就会妥协，乖乖地掏出钱包。

差价思维的好处是商家在消费者心中的形象提升了，消费者愿意接受商家给的那些免费的好处。对商家来说，只要为用户创造了价值，获得回报是迟早的事。短期的不赢利可以为后期的发展蓄力，而事实上赢利永远比亏损多。

三、平台思维

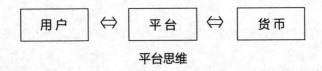

平台思维

对消费者免费的目的当然是有利可图，通过对消费者免费，吸引到大量的人气后，将大数据组合利用，把消费者关注的产品反馈给广告客户，企业就可以赢利。当下谁拥有大量用户即意味着拥有了财富。通常拥有大量用户流量的是互联网平台，用户群体规模是互联网服务生存的关键。没有足够的用户数量，就没有互联网服务的发展和生存空间。

2016 年 9 月，京东联手今日头条宣布推出"京条计划"。京东在今日头条设立购物入口"京东特卖"，一个是国内最大的自营平台，一个是国内用户最多的资讯分享平台，这次商业价值的融合，让双方企业都实现了优质资源的共享。

消费者在今日头条点进"京东特卖"，无须跳转出今日头条客户端就可以实现商品购买，对于京东平台上的众多商家而言，增加了大量的消费者。据统计，今日头条的日活跃用户为五千多万，平均使用时长一个多小时。借助今日头条的海量用户与大数据的精准推送，通过洞察消费者行为，精准定位消费者需求，京东品牌商拥有了大量优质资源。今日头条高级副总裁张立东表示，"京条计划"的推出为生产内容的自媒体人提供了以内容为入口通过电商变现的可能性。依托于京东对商品品质的强力背书和深度的电商数据，今日头条和京东进行合作打通资源，实现多维度精准锁定目标人群，并通过人群拓展挖掘出更多种子用户、高相似度人群，扩大目标受众规模，惠及用户和商家。

豆瓣网也是这样的一家平台，它通过用户点击和购买电子商务网站的相关产品来获得利润。比如和购物网站的合作，每次有用户通过豆瓣网上的链接进入当当、卓越等这样的大型网上商城购物，双方就会按照事先约定的比例进行利润分成。

互联网平台利用这种方法赚得盆满钵满，实体店也是可以的。庆应大学校内有一家特别的复印店，店里的每台机器上面都注明：本机器没有插卡交费的地方，请按"开始"键，想复印多少就可以印多少，完全免费。不管复印多少张都是免费的。但是奥秘就在于这些 A4 纸的背后，上面都印上了企业的广告。通常复印一张纸需要

10 日元成本，每刊登一万张复印纸的广告，这家店可以从企业那里拿到 40 万日元的报酬。为了避免纸张的正面透出背面的广告，这家店特别选用了较厚的纸张。这样一方面为企业做了无形的宣传，并节约了企业散发广告传单的人力成本，一方面也给校内学生提供了优惠和方便。到 2005 年年底，在日本东京周边地区的 12 所大学里共有 22 台这样的免费复印机，复印店每月获利在 1000 万日元左右，扣除设备租金、维护费后，还有非常大的盈余。

平台思维为什么能够成功呢？原因在于平台是一个开放性的环境，各种资源都可以在平台上整合，用户和企业可以在平台上零距离接触，企业能更快地捕捉到用户多种多样的需求，平台以最快的速度汇聚资源，成就多方共赢的局面。

四、生态思维

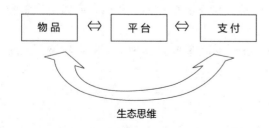

生态思维

有一种说法叫"应用型公司值十亿，平台型公司值百亿，生态型公司值千亿"。应用型公司的数量最多，提供给消费者的是某种需求，平台型公司是用户流量的入口，而生态型公司是面对全网用户打造的虚拟生态圈。美颜相机、饿了么等应用软件类型的公司是应用型公司；新浪微博、优酷、网易、360 等是平台型公司；腾讯、阿里巴巴、苹果等是生态型公司，具有比较完善的服务，涉及面较广。百度和小米正在从平台型向生态型公司转化。

按照生物学概念来讲，凡是能感受到生命活动的统合整体，包括大气、水、岩石等生态系统就叫生态圈。生态系统是一个复杂的开放系统，每一个生命物质和非生命物质都有自我调节系统。随着每一个生物的进化，其生命活动也在发生着变化。生命物体的进化是为了适应环境的生命活动，而这些活动同时又推动着生态系统的变化，二者互相作用，形成持续不断变化的生物圈。所以说生态圈是一个往复循环、共赢共利、你中有我、我中有你的自然调节的闭合系统。

　　商业生态圈也是这样，像腾讯、阿里巴巴、谷歌等生态型公司，业务面涉及很广，有多个生产价值链。例如围绕阿里巴巴已经形成了一个庞大的电商生态，这里诞生和推动了无数的新兴"物种"：庞大的消费者群体，各式各样的商品、餐厅、电影院，物流服务，支付服务等。腾讯的产品更像一个虚拟的王国，联络和社交产品有腾讯 QQ、微信、QQ 邮箱、腾讯微博等；安全防护方面有 QQ 电脑管家；生活类有 QQ 音乐、QQ 游戏、QQ 宠物等；工具类有 QQ 浏览器、QQ 旋风、软件管家、QQ 影音、QQ 输入法、微信支付等，还有其他的一些服务在这里就不讲了。腾讯似乎在打造一个消费者在网上的虚拟世界，在这个世界里生活，你想要的什么服务都有。即使阿里和腾讯的生态圈不太一样，但是都有共同的一点，就是支付：支付宝和微信支付。而小米、京东、百度这些平台型公司正在逐渐完善自己的生态圈，小米有小米钱包，京东有京东钱包，百度有百度钱包。

　　为什么说要有生态思维，因为思维决定战略，战略决定格局。

思维方式直接影响人与自然的关系。生态思维是以人与自然的和谐为价值核心的思维模式，它具有在对立统一中寻求联系性、在分析综合中寻求整体性、在质量统一中寻求具体性、在辩证否定中寻求发展性这四个显著特点；整体统一性、丰富多样性、开放循环性和有限无限统一性是构成生态思维的四个主要观念。这是共建、共享、共赢、开放和平等的思维模式。

## 免费，未来商业的入口

现代管理学之父彼得·德鲁克曾说："当今企业之间的竞争，不是产品之间的竞争，而是商业模式之间的竞争。"随着互联网的发展，传统的商业思维模式被打破了，有的人还在坚持着传统思维，有的人追赶互联网的商业潮流，还有的人线上线下相结合，各种各样关于商业模式的说法层出不穷。但不管是哪种模式，最终都离不开用户。商业是企业围绕用户为核心来展开的。没有用户一切商业思维都免谈。未来的商业模式一定是数据＋流量＋支付，免费可以吸引大批量的用户，有了用户就相当于有了大量数据，有了用户数据就可以为企业创造更大的价值。

一、大数据的作用

时代在发展，技术在进步，当今社会，我们记录和收集信息的成本越来越低，甚至可以免费获取。而计算机具备超强的储存和搜索功能，只要稍微操作一下就可以对其储存的大量数据进行分析，快速而准确，解决了人工数据收集和进行复杂分析这一流程问题，这也是大数据时代的一个特点。

举个例子，美剧《纸牌屋》（House of Cards）一经推出好评如潮，它的成功之处就在于"用户需求决定生产"，意思就是根据大众的喜好来决定拍什么、谁来拍、谁来演、怎么播。据说《纸牌屋》的数据库中包含了3000万付费用户的收视习惯、400万条评论以及300万次主题搜索。精准分析这些用户数据可以得到想要的结论。从受众洞察、受众定位、受众接触到受众转化，每一步都由精准、细致、高效的数据引导。《纸牌屋》第一季播出之后，出品方兼播放平台Netflix新增超300万流媒体用户，第一季财报公布之后股价狂飙26%，达到每股217美元，较前一年8月的低谷价格累计涨幅超三倍，让人不得不感叹其高明的营销策略和大数据的力量。

如今，人们不论是使用何种软件在互联网上进行搜索都会在网络上留下有用的数据。随着互联网的发展，这种数据还会越来越多。数据本身被记录下来，并非全部是为了长远的利益所用。很多记录的目的只是为了后续的操作更简单方便。就像我们大脑的记忆功能，我们每做一件事情大脑就会自动储存记录。

比如说淘宝网会鼓励买家与卖家在旺旺上聊天，保存聊天记录，若是后续交易中产生纠纷，在具体的投诉环节，买家为了维权就可以把相互之间的聊天记录作为证据。而且在网上购物的时候，通常全程都有订单信息，支付信息、详细的物流状态和物流人员的联系方式都会被记录，以便随时查看，如果出现问题也方便追究责任。

凭借海量数据并通过多维度的信息重组分析，企业正在谋求各平台间的内容、用户、广告投放的全面打通，以创造更大的价值。微博上有一个体验叫微热点，如果你在浏览微博时看到"虹桥一姐"这个热词，而你不知道大家在说什么，你可以点进热点，就会看到整个事情的来龙去脉。

现在我们所看到的顶级企业比如阿里、腾讯、苹果等，都在做生态。这种虚拟的生态圈是由互动系统、物流系统、信息发布系统、支付系统等构成。很多企业都在向平台化战略靠拢，一个受欢迎的平台必然会有庞大的用户流量，而虚拟的生态系统必须要有大数据流量来支撑。

平台思维以多边市场为主要特征，平台参与者越多，其边际成本就会越趋向于零。通常在这种情况下，平台就会获得来自第三方的收益，为用户提供免费的可能性就越来越大。我们不知道免费的经济规模到底有多大，当下没有哪个行业不以某种方式运用免费思维。从免费易货到免费试用再到大数据时代下零边际成本的免费，无不让消费者疯狂。

二、不要和免费竞争

在互联网时代，各行各业都在尝试免费，并且是以不同的方式。

但大多数的免费并不是真的免费，只是引诱消费者的诱饵，比如超市常用的促销手段"买一送一"、免费试用活动等，这并不是好的营销策略。

声誉很重要，各个公司不论大小都会花大价钱进行广告宣传来吸引消费者的眼球。这两年 OPPO 手机名声大噪，销量暴涨。OPPO 在娱乐营销上获得很大成功，除了找当红明星为手机代言，还拿下一些综艺节目的冠名权，2016 年 OPPO 豪掷 5 亿元拿下了浙江卫视《中国新歌声》第二季冠名权。在现实生活中还有很多声誉价值的案例，问题是我们并不知道这种例子还有多少。有一种说法是注意力的供应量也是恒定的，意思是当某些明星人气大涨时，另一些人的关注度就会下降。那么免费的注意力会不会也是定量的呢？这些问题我们现在还想不明白，但是免费的力量我们已经看到了。

在巴黎，有一个免费租自行车的案例，和我们现在所熟知的共享单车的性质是一样的。只要租车的人付费进行注册，就可以获得不受次数限制的 30 分钟免费用车时间，超过 30 分钟收费，各时段租金分别为：60 分钟 1 欧元，90 分钟 3 欧元，2 小时 7 欧元，以此类推。在布鲁塞尔也推行了这种租自行车服务，但效果却不尽人意，原因就在于其收费模式。在布鲁塞尔骑车时间越长反而越划算，租车人只需要支付 10 欧元的年费，而且每次租车的费用仅 0.5 欧元，但是像布鲁塞尔这样大的城市平均骑行旅程也就是 20 分钟，所以此套方案以失败告终。但我们可以看到的是，人们更愿意支付固定的年租金或者月租金也不愿意时时为计时租车费困扰。

在巴黎有一千多个租车站，遍布在各个社区。而在布鲁塞尔，"城市自行车"只有 23 个租赁站和 250 辆可用单车，而且都集中在市中心，因为其竞争对手 Clear Channel 有布鲁塞尔特定区域的自行车租赁合同，所以就限制了"城市自行车"的布局范围。

另一个我想说的经典案例是淘宝和 eBay，淘宝能够打败 eBay 有很多原因，其中最主要的是淘宝的免费交易。卖家可以免费开店，这就丰富了淘宝上的商品，越来越丰富的商品吸引了大批消费者。

而且如果商家想让自己的商品排在搜索结果的前面，就要给淘宝交费。淘宝还推出了阿里旺旺聊天软件，买卖双方可以通过沟通来增加彼此的信任度，促成交易。而 eBay 是需要交费才能上传商品，更没有这种可以进行沟通的软件。为了尽可能促成交易，淘宝又推出了支付宝，为消费者在支付上面提供了便捷。

免费给淘宝带来了巨大的用户流量，有了流量，就会相继产生更多的服务以及收费项目，淘宝的生态圈就会越来越完善。

### 三、大数据的价值

大数据对于人们生活的影响越来越明显，也越来越飞速地助长着很多企业的成功，但是仍有一些企业并不擅长利用大数据的价值。著名的贝恩资本公司对全球各地 400 多家年收入过 10 亿美元的企业的高管进行了采访，其内容涉及所在公司的数据采集和分析能力、决策速度以及效率等各方面的表现，得出的结论是只有 4% 的企业真正擅长大数据分析。

那些把大数据价值最大化的企业收集有效的数据，再对大数据进行精准分析来调整企业的运作方式，提高产品质量和服务质量，所以这些企业的决策力与执行力以及绩效远远高于一般企业。大数据可以为企业的整体发展战略创造价值，而企业首先需要创造强大的数据库，有明确的收集和整理数据的规划。从采访中得知，有56%的一般企业都没有合适的数据系统，66%的企业则没有有效的形式来储存其收集的数据。

"第一，我们可以分析更多的数据，有时候甚至可以处理和某个特别现象相关的所有数据，而不是依赖于随机采样。更高的精确性可使我们发现更多的细节。第二，研究数据如此之多，以至于我们不再热衷于追求精确度。适当忽略微观层面的精确度，将带来更好的洞察力和更大的商业利益。第三，不再热衷于寻找因果关系，而是事物之间的相关关系。例如，不去探究机票价格变动的原因，但是关注买机票的最佳时机。"从《大数据时代》的作者对大数据的见解中看，我们可以得知大数据的准确性给企业或者用户带来便捷，比如买机票这件事，用户可以降低自身的交易摩擦成本。

　　大数据是企业进行管理的重要工具，它彻底改变了企业内部运作模式，以往的管理是领导来决定，现在是"大数据的分析结果"来决定。大数据能让企业创造新的爆款产品和服务，改善现有产品以及服务。通过对市场的大数据分析，还能缩短企业的产品研发时间，提高产品的创新力，推出全新的业务模式，把握市场机遇，降低企业经营的风险。比如在个人电脑时代，微软凭借操作系统霸占了电脑市场，赢得了巨大财富；在互联网兴起的时候，谷歌看准了互联网广告而崛起；在移动互联网时代，苹果通过打造终端产品的应用商店获得了高额利润。通过对数据的分析企业不仅可以降低成本，改善产品，打造更有黏性的用户群体，还可以提升业务的整体质量，从而提高服务质量。在企业各相关部门传递分享大数据成果，还可以提高整个管理链条和产业链条的投入回报率。

　　在现实的销售过程中，我们该怎样利用大数据来促进交易成交呢？我们通过大数据可以得知消费者喜欢什么样的优惠，大数据会告诉我们消费者的基本偏好和什么样的服务方式能让消费者满意，以及消费者愿意接受哪种支付方式或者说哪种支付方式更便捷。通过数据分析还可以知道什么样的人会成为潜在顾客；一个潜在的顾客在通过搜索关键词进入产品页面时能够购买的概率有多高；在每年的节假日或者特定的时间段，采用哪种促销方式更有效，而顾客会不会买商家的账等。大数据可以直观地体现消费者的喜好和消费方式，这样商家可以更精准地制造消费者喜欢的产品，还可以根据消费者习惯改变商品的上架位置，等等。有业内人士称，电商企业通过大数据应用，可以个人化、个性化、精确化和智能化地进行广告推送和推广服务，开展比现有广告和产品推广形式性价比更高的商业活动。

阿里金融通过分析海量用户的信用数据和行为数据，建立了网络数据模型和一套信用体系。和传统的金融模式不同，人们不需要抵押品和担保就可以贷款。阿里金融的大数据应用和业务创新，给传统银行业带来了挑战。

大数据时代，数据无处不在，渗透在各行各业，并渐渐成为企业的战略资产。

第二章

# 易货思维

# 从易物到易货

最初的商业形态是物物交换，这听起来确实有点古老，古人以物换物只因当时没有货币，现在我们回归这种最原始的商业形态，来实现资源的合理配置。"互联网＋"改变了传统行业的运营模式，从银行、能源、医疗、教育到娱乐、生活服务等，各行各业都被互联网所影响。实体经济的不景气，更是让企业纷纷追随移动互联网的浪潮。当下"互联网＋"成为各行各业的热词，也不得不感叹互联网时代产生了很多新的商业思维形态。例如，传统百货卖场＋互联网有了京东，传统银行＋互联网有了支付宝，等等。互联网易货便是"互联网＋"的一种具象的商业模式。

早在"别针换别墅"之前，现代化的以物换物就已经存在了。在 1952 年，中国和锡兰发生了国际商业交往，从各自的需求出发，签订了以大米换橡胶的政府贸易协定，从此建立了中国与锡兰的贸易关系。1957 年又续订了贸易协议，当时还出现了一点小插曲：易货价值不对等，周恩来总理提出了将贸易和援助分开来谈，即橡胶贸易按照公平的市场价格来进行，但中国同时给予锡兰经济援助。这使谈判进入了比较顺利的阶段，促进了中锡友好关系的发展。

著名的"罐头换飞机"商业案例，发生在 1991 年的中国。当时可谓震惊海内外，企业家牟其中由此名声大噪。牟其中在火车上认识了一个人，得知苏联面临解体，有一批飞机正准备出售，却苦于找不到买主。企业家的敏锐思维让牟其中觉得这笔生意值得冒险，他决定一试。但他的南德公司既没有外贸权，也没有航空经营权，现金也不足。通过多方打听，他得知一年前刚开航的四川航空公司准备购买飞机的消息，牟其中便前去洽谈。四川航空公司表示愿意购买苏联飞机。随后牟其中从四川当地的国营企业中筹集了罐头、皮衣等大批积压商品，准备用以货易货的方式做成这笔生意。牟其中把接待苏联航空部代表成员的地点选在了北京钓鱼台国宾馆，并且告诉他们，这是不久前戈尔巴乔夫同中国领导人会谈的地方。一向唯上的代表团成员立刻肃然起敬，交易顺利达成。

起初谁也不相信如此大的一笔买卖就这么轻易地达成了。1991年底，第一架可载 164 人的客机飞抵成都的双流机场，并被交付给南德集团。根据与四川航空公司的协议，南德把飞机又转手卖给了四川航空公司。人们不得不承认牟其中一下子买了 4 架崭新的中型客机的事实。南德用价值 4 亿元人民币的罐头、皮草等日用商品换了苏联的 4 架飞机，双向交换的产品总价值 4.2 亿法郎。牟其中称他从中赚了 8000 万到 1 亿元人民币。

这笔买卖成了中苏民间贸易史上最大的一笔物物交易，其成功的秘诀就在合理配置资源。苏联有一批飞机急于出售却没有买主，又迫切需要中国的轻工业产品，而中国有大量的轻工业产品积压在仓库里，此时四川航空公司恰好需要购买一批飞机。三方这样合作，既减少了三方的现金成本，又带来了巨大的收益。这样的物物交换方案令人称赞。牟其中顿时成为风云人物。

媒体采访时，牟其中说："过去的经济规律已经变得十分可笑了，工业文明的一套在西方落后了，在中国更行不通，我们需要建立智慧文明经济的新游戏规则。有人说我是空手道，我认为，空手道是对无形资产尤其是智慧的高度运用，而这正是我对中国经济界的一个世纪性的贡献。"不错，通过这个成功的案例，中国经济学家看到了以物易物的优势。

1997 年，中国经济不景气，通货紧缩，库存急剧增加。当年国家统计局资料显示，库存积压商品的价值达 3.7 万亿元之多。大部分企业存在着三角债，市场面临停滞。经济学家认为解决库存最好的方式就是以物易物。在当时已经出现了以物易物的互联网平台，只要把这些库存商品同时放在互联网上进行交易，成功的概率会大大增加。既解决了企业再生产无现金的难题，又解决了商品积压的问题。于是就在这一年，国家八个部委联合行动计划投资 56 亿元，意在组建大型的商品调货中心，并且提出"3 年内解决 3 万亿库存商品"的口号，在全国各个省市自治区分别建立了二级机构及网站，全面启动配套的物流配送、货物运输保险等设施。一场轰轰烈烈的清库运动开始了。

然而行动还是以失败告终了，原因是在国外已经发展得风生水起的易货业在国内才刚刚起步，市场远远没有达到预期的水平。易货平台不成熟，经济效益不明显，而且大家对易货的认知不是很明确。经济学家也在寻找着易货业的突破口。很多业界资深人士认为应该导入易货国际概念，开拓人们的易货思维，突破地域限制，面向全球。

国际易货网的总经理崔成国在汇源公司任职期间，负责大客户部。1996 年的一次易物交易彻底改变了他的职业生涯。他向服装厂推销汇源果汁时，遭到了委婉拒绝，那是他的第一单生意，他不想就此放弃。于是崔成国追问原因。服装厂领导说："我们非常想给员工发汇源果汁，只是服装积压，卖不出去，没钱购买果汁。"崔成国在脑海中就萌生了一个"衬衫换果汁"的点子，于是双方一拍即合达成了交易。服装厂处理了积压的衬衫，还得到了本应拿钱购买的果汁；汇源公司免去了买工作服的成本，还销售了果汁。这次交易让崔成国很高兴，这样的易货交易既节省了一些采购资金，又增加了果汁销量，一举两得，所以后来就有了果汁换汽车、果汁换电脑等交易，为汇源公司创下数亿元的利润。汇源公司与青岛澳柯玛公司的合作，41 万箱汇源果汁换 6000 台冰箱，总价值 1407 万元，后来与新飞冰箱的易货额达到了 1650 万元。汇源公司将易货贸易发展得很火热。

观察这些案例你会发现，汇源公司的交易客户都是优质客户，不管是换叉车还是换广告，结果都是双赢。易货对企业的好处不仅仅是节约成本，还简化了企业运作流程，对交易双方都是百利而无一害。汇源公司专门成立了易货部门，汇源公司每年的易货金额都会超过 1 亿元，节约的成本也达 3000 万之多。

在实际的交易中，单向的易货思维是很难达成的。比如甲方想和乙方交易某种产品，但是乙方对甲方的产品并不是很感兴趣。这种情况下怎么办呢？办法就是"广撒网捞大鱼"，与多家企业进行易货商谈，总会有一家合适的愿意交换。而且不能局限于某一种产品，开拓思路，发掘多种资源，才能实现资源的合理配置。按照这个思路去思考，易货的成功率就会大大增加。其实易货的实质就是用自己的资源和产品去帮助别的企业解决资源短缺、无现金流的问题，同时解决掉自己需要花钱购买的资源和产品的需求。企业在易货交易的时候需要明确自己的产品能为对方解决哪些问题、减少哪些成本支出、能够满足对方什么需求等。

经过多年的易货交易实操，崔成国有了自己的一套经验，他认为易货对企业的价值是远远超乎想象的，应该让更多的企业利用这种有效的方法，于是他在 2006 年创办了国际易货网。但是国内还有很多企业不敢尝试这种新的方法，直到受到金融危机的影响，库存增加，难以实现现金流，开始逐渐尝试以货易货，易货网的流量才开始明显增加。

这种源于中国的物物交换方式，在国外很受追捧。1978 年，56 岁的塞普斯泰有了易货交易的想法。他是美国最大的交通信息报《Metro Networks》的创始人，也是当时福特汽车的经销商。他了解到，如果他为当地电台提供交通信息，就可以在该电台免费宣传自己卖的汽车。经过一个月的构思策划，他与三家广播电台和两个交通信息报道记者签订了合约。塞普斯泰要求在每段交通信息报道之后给他十秒钟的广告时间。后来所有的广播电台除了给他免费放广告之外还支付他现金，塞普斯泰又将他的广告时间段转卖给各地方广告商。聪明的企业家往往知道怎么能赚更多的钱。他们知道易货思维的好处。

目前世界上最有影响力的国际易货组织有两个，一个是成立于1979年的国际互换贸易协会，另一个是成立于1982年的全美易货交易协会。为了促进易货业的发展，全美易货交易协会还在1995年发行了世界第一种通用易货币，使多边易货成为可能，标志着现代易货的正式启动。1998年国际互换贸易协会组建了世界易货结算平台UC系统，UC是目前世界应用最广的通用易货币，是现代易货国际化的开端。这些机构真的很专业，每年都召开会议讨论现代易货发展的相关问题。有关易货业的书刊也早有发行，最知名的是1979年在美国创刊的《易货新闻》，在美国也有专门的书籍介绍易货思维的成功案例。

美国有一家非常受欢迎的易货交易网站——bizx.com，它在经济不景气的时候也非常活跃。它的运作方式不同于其他易货网站，可以不同时易货。甲先出货以后，用自己的产品换得"易币"，用这种易币可以去交换其他产品，易币可以作为一种等价交换物在多个商家使用。这样的方法使得易货成功率大大提升，更是方便了人们的生活。

但是崔国成不认可在中国使用易币这种方法，实际上易币在交易过程中充当的是虚拟货币，虽然没有现金交易，但它给人们的印象就是起到钱的作用。在中国易货市场还不成熟的情况下，使用易币有一定的风险。易货平台要有足够大的数据库和流量，才可能促成交易。不仅是个人用户，企业也要参与进来，这样平台才能搞活。另外易币方式容易出现的风险是，多家企业可能会存在债务关系。随着易物链的扩大，必定存在着一个个人用户和多个企业之间的易物关系，或者企业与企业之间的易货关系。若是其中一个企业出了问题，不能及时清算债务，那么在连带作用下，就会产生新的债务关系，这样的麻烦多起来就会导致系统崩溃。而相比较之下，一对一的企业易货不会产生这种复杂的债务关系，操作简单、安全。总之，二者都是各有利弊，都是企业彼此免费为对方提供产品，又能免费得到对方的商品。

易币是易货额度的体现，是依托于现代电子交易平台和结算程序而产生的。它既保持了非货币性交易的性质，又有利于成交和结算，是现代易货发展的重要见证。易货额度的应用解决了传统易货中因为缺乏等价物中介而成交率低的问题，因为易货额度所代表的商品价值是真实的，企业在交换时都会确保双方库存有可供即期交付的商品或者服务。

现代易货灵活地实现了商品与服务、服务与服务之间的交换，它的可拓展性也打破了传统易货在时间与地域上的限制。传统易货必须是建立在互取所需的基础上，要求易货双方在供求方面达到互补的绝对一致，这种点对点的交易方式使成交率很低。相对而言，现代的易货方式通过高度发达的互联网信息平台，实现了信息的集中公开，有易货需求的一方可以通过易货平台找到自己所需的商品或者服务，实现一批物品的多个对应需求、不同地域的合作匹配，扩大了交易面，成交率自然提高。

## 我们要双赢

有一个故事，讲得很有趣。有一个聪明的年轻人，偶然之间抓了一只老鼠，到药铺去卖了一个铜币。当他走过花园时听到花匠们说口渴了，于是他用这个铜币买了一点儿糖浆，和着水送给花匠们喝。花匠们喝了他的水，作为答谢，便一人送了他一束花。他走到集市卖掉这些花，得到了八个铜币。有一天，风雨交加过后，果园里到处都是被狂风吹落的枯枝败叶。这时年轻人又有了想法，他对园丁说："如果把这些断枝落叶送给我，我愿意把果园打扫干净。"园丁很高兴，说："可以，你都拿去吧！"年轻人用八个铜币买了一些糖果，分给一群玩耍的小孩，让小孩们帮他把所有的残枝败叶堆到一起。于是年轻人又去找皇家厨工说有一堆柴火想卖给他们，厨工付了 16 个铜币买走了这堆柴火。此时钱多了起来，年轻人用这 16 个铜币谋起了生计，他在离城不远的地方摆了个茶水摊，因为附近有 500 个割草工人要喝水。不久，他认识了一个路过喝水的商人，商人告诉他："明天有个马贩子赶 400 匹马进城。"听了商人的话，年轻人想了一会儿，对割草工人说："今天我不收钱了，请你们每人给我一捆草，行吗？"工人们很慷慨地说："行啊！"这样，年轻人有了 500 捆草。第二天，马贩子来买饲料，出了 1000 个铜币买下了年轻人的 500 捆草。几年后，年轻人成了远近闻名的大土豪。

故事虽然简单，但年轻人的成功并不是出于偶然，他知道如何使手中的物品实现其价值，知道如何能把资源合理地利用起来，他具有现代的管理头脑和商业思维。

百事可乐公司和雅虎公司曾有过一次共赢的易货合作。2000 年，双方签订了一项线上线下联动促销计划，百事可乐公司在 15 亿个饮料瓶上面印上雅虎的 logo，同时在全美国五万家商店零售这种饮料，而雅虎公司为百事可乐公司专门做了一个网站来促销百事可乐的产品。这个网站还有一个用处，在所有百事可乐的饮料瓶盖上都印有代码，消费者通过线下购买饮料获得代码，再通过网络来兑换相应的优惠。在此交易中，双方都没有付款。百事可乐在这次交易中增加了销售量与市场占有率，提高了自己的品牌知名度；雅虎则通过这样的方式免费为自己做了一次高效益的广告，而双方仅仅是做了资源交换。

某商业银行和其所在地的市政府举行了一次颇为低调的资产置换签约仪式，之所以低调，某种程度上是因为该商行在扮演"拓荒者"的角色。双方达成协议，该行将历史遗留形成的 8 亿元不良资产正式剥离交给市政府，而原属市政府名下的新世纪体育中心附属设施等 6 个项目共计 8 亿元的优质资产置入该银行。通过这次的资产置换，该商业银行的不良资产率由 13.7% 降到了 3.8%，这是资产置换方式的一个精彩之笔，成为国内城市商业银行为数不多的不良资产处置案例之一，这笔高额的以物易物引起了业界的高度关注。当中起着重要作用的便是幕后的推动者，大力鼓励城商行研究尝试不良资产处置的新方法，在政策方面给予最大支持，这使得该商业银行获得了确切的政策依据。

此前杭州商行也有过这样的资产置换案例，不良资产率由 70.36% 陡然降到 1.47%。杭州商业银行通过与杭州市投资控股有限公司签订"资产置换协议"，将历史形成的 18 亿不良资产还给后者，同时得到了杭州市排水总公司 18 亿优良净资产，杭州市排水总公司就此成为杭州商业银行的全资子公司。考虑到形成巨额不良资产的特定历史条件，仅靠商行自身发展来消化是不太现实的，对不良资产处置需要创新的政策来扶持。

在政界，易货贸易也很受欢迎。埃及政府在对外贸易中一直寻求与其他贸易伙伴开展易货贸易，想要以这种方式进口小麦等粮食，埃及以柑橘、磷酸盐、冶金制品等作为易货物品。与国外成熟的易货贸易相比，现代的以物易物交易在中国发展的时间并不长。有企业家想注册易物公司时，许多政府部门都不知道易物是怎么回事，也搞不清楚这个行业该归谁管。好在国内目前也开始重视易货贸易，国务院还开办中国易货贸易经济论坛，足以显示国家对易货贸易的重视。而当今的"一带一路"战略政策为我国向沿线欠发达国家转移过剩产能、提升产业资本投资效率带来契机，同时也带动了易货贸易的发展。

商旅出行企业，也是以物易物的高手。Magnolia 酒店用闲置的房间跟电子设备制造商交换电视等产品，用最低的成本改善了客人的体验，而电子设备制造商不仅清理了库存，也多了一种向消费者展示自己产品的渠道。

别针换别墅的故事让很多人了解到网上物品交换的概念，也接触到互联网上以物易物平台。和原始社会不同的是现代人更注重物品的需求价值而不是其本身的价格，将闲置物品通过上传到网络使其使用价值有效地整合，发挥其最大的利用价值。具有典型代表的是非盈利交换平台 Freecycle，这个平台单纯以促进旧物循环利用为目的，为社区会员服务。为了减少成本，设定区域范围是同城社区内的个人与个人之间。会员可以把自己闲置的物品免费发布到本地群组邮件列表，如果其他会员对这些闲置物品感兴趣，就可以直接给发布者回复消息去索取。这很便民，又是非常环保的做法，可以做到物尽其所用。类似这样的网站非常受群众喜爱。

交换平台 Freecycle 在上线的前两年就吸引了 180 万人入会，社区数量高达三千多个，分布在全球各地。人们不需要真金白银的现金流动就可以获得利用价值高的商品。在金融危机时期，企业也纷纷加入进来。有资料表明，2007 年 Freecycle 每星期的新增会员数量为 2.5 万人，进入 2009 年这一数字突破了 4.5 万人。根据这个数字来粗略计算，在金融危机爆发后，Freecycle 每天新增的会员人数比之前增加了 50%，而到了 2009 年，增速进一步提升至 80%。Freecycle 的成功也让物物交换的概念重新流行起来。Freecycle 已经在全球建立了 4801 个社区，共有 657 万名会员。社区内从生活日用品、小家电到服装、自行车等衣食住行各类商品应有尽有，每天转手的物品多达 2 万件。在美国通过这种以物易物的方式，实现交换的物品总金额年均值都破千亿美元。巨大的市场需求带动了商业化的发展，个人交换网站纷纷崛起，在这些网站上不仅可以进行简单的闲置物品以物换物的交易，还可以把闲置物品当作二手商品来出售。

2007年Swaptree交换网站在美国上线，这个网站是以时尚服装、图书、碟片以及游戏软件等类物品交换为主。有的会员在网上展示自己的物品时会标明自己希望得到的物品。Swaptree上线第一年就非常受欢迎，促成了10万笔交易。而且每隔几个月网站上的可供交换物就会翻一番，会员人数更是在2008年一年之中增加了十倍以上，速度惊人。这也为其赢得了第三轮融资330万美元，而三轮融资的总金额高达560万美元。其实早年也有交换网站出现，但是昙花一现，没有给人们留下印象，其失败的原因主要是盈利模式不稳定。在大数据时代背景下，交换网站的用户流量是推动其发展的关键，会员数量是其生存的基础。

互联网的快速发展让原本费时费力的以物易物交易变得越来越便捷，网上纷纷出现了大大小小的易物平台，只要把商品上传到平台上展示，经过沟通，就可以选择最适合的一方与之交易。企业不得不清仓的闲置积压品，以成本价进入易货平台，很快就会有人看中。一些案例表明，利用易货平台企业还可以招商，实现融资，快速摆脱库存积压和现金短缺两难的境地。

案例一：位于宁夏的九龙湾风景旅游区在最初开张的几年一直是不温不火的状态。主要原因是门票贵、娱乐设施少，很少有人愿意掏钱过来游玩。于是景区项目负责人想到利用易物平台来把景区的活跃度搞起来。因为宁夏的冬天是旅游淡季，他就利用这个空当儿来建设游玩项目。首先，他制作了一些旅游套票，由原来的 40 元一张改为200 元一张。用足够多的旅游套票，景区换来了 1000 多万元的物资，通过以物换物的方式，最后变现为游玩项目启动资金。用一个冬天的时间，旅游套票上面标明的项目全都建好了。置换出去的旅游套票也带来一大批游客前来消费，带动了旅游景点的人气。

案例二：侯晶在最初是一个摆地摊卖衣服的小姑娘，但由于抓不准客户的喜好，她的生意并不好。她用衣服同卖土鸡蛋的大娘换来了鸡蛋，她将换到的鸡蛋卖给了饭店，赚回了衣服的钱。这种重复的无现金交易让侯晶很惊喜，开始了她的换物人生。她把衣服换成各种小商品，生意越做越大，干脆开了自己的服装加工厂。在房地产热的时候，侯晶同样用以物换物的商业思维做起了自己的房地产公司。即使后来出现金融危机，她的公司也没有受到影响。易物的好处让她愈发觉得应该让更多的企业家知道这种商业思维，不必再为商品积压、销路不通而发愁，于是她创办了易物天下的易货平台。

案例三：某超市老板，曾因经营不善导致超市面临关门。仓库里积压着十万元的商品，如日用品、小商品、食品等，又正巧是炎热的夏季，食品很容易变质。后经朋友介绍，他以易货的方式用积压商品换来了连锁酒店 15 万元的住房代金券，又用这价值 15 万元的代金券换得了 18 万元的旅游代金券。他第一次接触以物易物，觉得赚大了，于是带着家人去旅游花了 3 万元的旅游代金券，此时他手中还有价值 15 万元的旅游代金券。回来之后，他又开始了新一轮的以物换物，通过层层交换最终换得了价值 17 万元的轿车。

案例四：某经销商在生意越做越大的时候，出现了一些客户拖欠货款的情况，为了顶账，客户给了他价值 30 万元的食品，由于数量颇多，经销商还专门租了仓库存放这些货物。但是食品都是有保质期的，一时又销售不出去，这可怎么办呢？通过多方渠道打听，得知有人愿意用别墅首付款来交换这些货物，价值相当，他便欣然答应。更惊喜的是这栋别墅在短短一个月内房价飞涨，首付款涨到了 50 万元，于是经销商便把别墅转让给了别人，收回了 50 万元的现金。

案例五：深圳某休闲健身俱乐部的经理致电易货中心提出要做广告的需求。易货中心工作人员通过系统资源梳理，与《深圳晚报》达成协议。休闲健身俱乐部以价值 6.5 万的健身卡与《深圳晚报》等值 6.5 万的广告版面做易货交易。休闲健身俱乐部以自身的服务换取了广告，这样既节省了资金，也得到了广告效应。

很多人对易货贸易还不了解，不少企业家表示对易货业很陌生，不会主动上门对接。遇到产品积压问题严重、营销渠道拓展难、资金链断裂等问题最多的还是中小企业，所以中小企业家更需要易货思维。产品只有流动起来才会产生价值，甚至会增值。世界 500 强企业中 80% 都有自己的易货部门，仅在美国，专门做易货生意的公司就约 50

万家，每年的易货销售金额高达百亿美元。在纽约交易所上市的公司中 65% 都在采用这种易货交易来减少仓库积压物品，提高销售额。据美国财政部声称，易货贸易额已占到世界贸易额的 30% 左右，易货贸易在现代的世界经济中已占据重要的位置。

现代人在进行以物易物交易时更看重的是需求，需求决定价值。在互联网平台上"相中"产品后，一些"换客"或者企业再通过线下活动来实现交易。这就涉及易物平台的交易保障制度，在线下换物，脱离了第三方网站（易物平台）的监督，双方信用缺乏有效监管，交易双方的安全性难以得到保障。虽然目前交易平台类似淘宝一样有评价系统，但是效果微乎其微。所以易货平台还是需要有一套行之有效的交易保障制度，才能跟上国家战略发展的步伐。现在我国大力发展易货业，解决库存商品的问题。1997 年我国有 3 万亿元库存商品，专家预测每年都会以 30% 的速度增长，到目前为止，全国大约有十多万亿元库存商品。随着我国 GDP 的持续增长，国内企业的生产规模必然会扩大，固定资产投入增加，外贸出口增加，随之增加的就是企业库存商品量。而当下，实体经济不景气，各个企业的库存商品就可以利用易货这种方式来进行交易。"以物换物"不产生现金流，只记入库存，企业不必为此按现金流纳税。业内人士指出，易货作为一种贸易工具的概念现在已经被各国所认同，易货公司从欧美扩展至全球。易货就像深埋多年的宝藏，挖掘宝藏的时机已经成熟。随着国家对易货贸易政策的支持和重视，我国的易货业也将逐渐成熟。

# 交换无处不在

随着各种商业模式纷繁出现，各种商品的经营模式也花样百出，就拿玩具来举例，如果想购买玩具，可以去网店或商场；如果想短期租玩具，可以找到多家玩具租赁公司；但是你听说过"换着玩"玩具吗？80后创客李金成是国内第一个经营"玩具交换"业务的人，李金成始终倡导闲置资源整合利用，他打造了一个集购买、回收、租赁、交换为一体的玩具分享平台——"换着玩"，始终坚信"用最低的价格给孩子最多、最好、最安全的玩具"这个理念。

和金·吉列的故事一样，李金成的创业灵感也是来自于偶然之间，创业的路都是一波三折。从农村到城市，从就业到创业，李金成一直怀揣着环保理念。有一天他为三岁的女儿收拾堆积的玩具，想到购买玩具的费用不菲，而且买回来之后孩子玩几天就不玩了，利用率并不高，扔了很可惜，不扔又占据空间，于是创办儿童玩具租赁店铺的想法在他内心萌生。

当时在李金成所在的城市石家庄，已经有人在做图书租赁业务了，但是还没有商家专门提供玩具租赁服务，更别说是玩具交换了。经过一番市场调研，李金成发现有很多父母有类似的需求，如果借鉴图书租赁的模式开办玩具租赁业务，或许能开辟出一个很大的市场。他随即找了一位志同道合的合伙人，共同筹集资金 50 万元，于 2011 年成立了石家庄青果果玩具商贸有限公司，开始进军儿童玩具租赁领域。当时互联网商业思维正在兴起，实体店出现了困顿的局面。李金成大胆打破传统商业思维，走互联网路线，当年他便开通了网络租赁平台。按照李金成的说法，网络运营成本相对较低，24 小时均可下单，而且如今的父母大多是 80 后，比较偏爱网络消费，通过互联网拓展业务或许是一条捷径。

创业初期，为打开市场，李金成和公司成员带着各种玩具几乎走遍了石家庄的大小社区，让小朋友们免费试玩，现场教家长如何进行网上租赁，甚至手把手帮家长们注册网络租赁账号。在这样不懈的坚持下，青果果儿童玩具租赁平台渐渐有了名气，在两年内培养起 5000 多个固定家庭用户，还获得当地一些早教机构的支持。在运营前期为了培养用户的租赁习惯，李金成借鉴市面上普遍通行的预付卡方式，进行会员制推广。在网站注册之后，缴纳一定的会员费，可以全年自由租赁，不受限制。会员费只有几十元，以此来吸引顾客。

由于会员费较低，虽然顾客逐渐多了，公司却不赢利。于是开始增加会员费，但是效果并不明显。本地家长下单租赁玩具，公司会提供送货上门服务。物流费用以及快递员工的工资等都是成本，送一单玩具的成本就是十几元钱，高成本导致公司入不敷出，出现亏损。公司的经营方法出了差错，持续的亏损让合伙人产生了退出的想法。2012 年 7 月，合伙人退出，这让李金成开始反思一直以来的做法是否正确。为了改善公司经营状况，李金成在原来会员费的基础上增加了玩具维护费，用于玩具的清洗、消毒等工作。全体员工凝聚力量，想方设法降低成本、提高收入，却改变不了无法赢利的困局。

公司陷入瓶颈期，李金成参加了一个帮助创业企业打造商业模式的孵化平台。这次培训让李金成的商业思维得到了拓展。在培训结束后他在租赁玩具业务的基础上增加了玩具买卖和二手玩具回收业务，并开通用户分享、交换玩具的线上平台，取名"换着玩"。同时开通了微信公众号，使儿童玩具也进入了以物换物的行业。

"儿童钢琴、小马跷跷板、太空碰碰车……从孩子出生到现在，三年来已经花费上千元购买玩具，用过的玩具如何处理一度成为难题，后来经朋友介绍了解到'换着玩玩具'分享平台，我也将自己家里的玩具拍照上传到网络进行置换，大大节省了买玩具的花销，非常划算。"这是顾客对"换着玩玩具"平台的认可。为了让孩子玩到更多玩具的同时节省玩具开支，很多家长都成了"换着玩"的忠实粉丝。玩具交换帮助很多家庭解决了儿童想要购买玩具的需求，在儿童对玩具的新鲜感消失之后，归还给"换着玩"。这种方式既满足了孩子的成长需求，又节约了买玩具的开支。

在推广"换着玩"平台时，李金成多次强调，创建平台的起因并不是因为家长给孩子买不起玩具，而是为了避免资源浪费，倡导环保理念。平台的定位族群是反对浪费、乐于分享的家长，他们花最少的钱、甚至不花钱就可以满足孩子最大的玩具需求。

市场上的玩具多种多样，随着生活水平的普遍提高，玩具的价格也是越来越高，而销量也一直呈上升趋势，这可能跟现在城市家庭的生活方式有关，我们暂且不去探讨。玩具的材质其实并不环保，谈到玩具的危害，国内大多关注的是对儿童健康的危害，对玩具本身造成的环境危害认识不足。通过大力发展玩具租赁和交换，使剩余资源合理重复利用，可以减少原材料消耗，降低废物产生量，或可实现减少环境污染。

对于家里闲置的玩具，很多家长可能会把它们送给关系较近的人。看到朋友或者亲戚家孩子的玩具还很新却闲置着，自己也不好意思开口要，有了换玩具平台，家长可以很方便地注册成为会员，成为儿童玩具的体验者和提供者。有限的玩具可以在交换中得到无限的利用，大大提高了玩具的价值。交换玩具的操作也比较简单，如果平台上家长与家长之间交换玩具，可以自行沟通，达成交换协议。若是担心玩具价格或者质量等问题，可以申请平台提供担保，根据玩具价格协调担保额，双方分别将担保额交给平台，等交换完成后，担保额全额退还。如果玩具质量有问题，平台会提供破损玩具修复、清洗消毒等系列服务。在微信公众号上也有操作提示。平台对常规性问题进行了说明。如果家长想将玩具放在平台上进行交换，可以描述玩具状况并发图片给客服估价，平台将玩具验收后登记。如果玩具的估价金额足够换取对应玩具，可点击"我要换"换取玩具。如果金额不够换取对应玩具，可以补足差额。公司专门打造出一套较为成熟的玩具价格评估体系以及安全保障体系。

公司对市场上所有大品牌玩具的价格都进行了录入，包括费雪、小泰克、好孩子、史努比等几百个国内外玩具品牌和几万个玩具单品。公司建立起的这个玩具价格数据信息库几乎可以满足人们对所有玩具的价格查询。通过一些要素和公式的计算，可以得出玩具的现有价值。这个评估体系类似于二手车的评估，而玩具的评分标准是根据使用时间、玩具质量等来进行的。比如使用 1~3 个月以内得分 95，使用 3~6 个月得分 90，使用 6~9 个月得分 85；外观九成新得分 95，八成新得分 90，七成新得分 40；全部性能完好得分 100，一项功能损坏得分 80，两项功能损坏得分 60；有原包装得分 100 分，无包装为 0 分；品牌爆款得分 100，不是的话为 0 分。使用年限、外观新旧、使用性能、原包装状态、是否为品牌爆款，分别占据玩具评分 30%、30%、30%、5%、5% 的比重。举个简单的例子来说，某家长花费 150 元从公司平台购买了一个费雪皮皮学习小屋，6 个月以后要求平台回收，外观九成新，有一项功能损坏，有原包装，那么对这个玩具的估价经过计算为 119 元。通过平台回收，家长得到的这 119 元又可以为孩子交换其他的玩具，这样做家长减少了对玩具的开支，是很划算的交易。还有很多家长对玩具的租赁和交换持观望态度，主要是对玩具的质量和卫生状况不放心。对此，公司表示对"换着玩"平台上的儿童玩具严把质量关，要求所有玩具必须经过国家相关质量监督部门的 3C 认证，符合《国家玩具安全技术规范》执行标准，而且要求玩具材料 100％环保、安全无毒、做工精细牢固。玩具的每一次流通都需要经过清水清理表面污垢、消毒液浸泡擦拭、红外线照射等步骤，以确保玩具卫生安全。

经过近几年来在玩具行业的积淀，李金成发现市场上仍有很多玩具属于三无产品，这些产品质次价低，为儿童安全埋下了隐患。而"换着玩"只坚持回收具有完整 3C 认证的玩具，并在多个省市都建有玩具消毒服务中心。

在玩具租赁的基础上，李金成增加了二手玩具回收和售卖新玩具业务，以及为会员交换玩具提供各类担保和消毒服务。李金成一直在探索着新的业务以满足家长对玩具的各类需求，极大拓展公司的赢利点。提供玩具交换平台将得到巨大的流量入口，便于把控玩具的流通，推算当下儿童对玩具的喜好，可以跟上游玩具商家进行合作。现在商界都在提倡"互联网+"，让玩具与互联网有更深的融合也是互联网背景下的商业发展趋势。与时俱进，用互联网思维发展公司，依靠聚拢的人气，将平台的会员数量提上去。

欧洲国家的易货业发达，亚洲国家在这方面正在迅速发展，而南美洲的阿根廷在面对国内经济衰退时，也毅然采用易货思维来摆脱困境。

在阿根廷经济衰退、国民失业率暴涨的时候，政府统计了一项数据：近 20 万的居民通过以物换物的方式来补充收入，使生活不至于穷困潦倒。而民间调查的真实数据是 40 万居民，参与以物易物民间的物物交换俱乐部高达 800 个。而且易货俱乐部的成员不断增多，每周都会有数以万计的居民聚集在一起交换着从食品、玩具、服装、水果蔬菜到生活用品等各种物品，还有人用自己织的毛衫来换别人家煮的汤。

物物交换俱乐部提供的大部分都是小额物品，当地的报纸上刊登出售洗衣机、汽车和公寓的广告，所有这些都能通过物品交换来取得。有几个物物交换俱乐部还建立了自己的网站，其成员可以进行网上交易。布宜诺斯艾利斯的一个旅馆连锁店用提供免费住宿来换取各种洗涤用品和床单。而另一家公共汽车公司也提供免费车票，条件是乘客给这些汽车喷漆。

社会科学家赫伯特·西蒙在 1971 年说了这样一段话："在这样一个信息极其丰富的世界，信息的充裕意味着其他某些事物的匮乏：被信息消耗掉的任何事物都处于稀缺之中。信息消耗掉哪些事物是相当明显的：它耗尽了信息接受者的注意力，因此信息的充裕造成了注意力的缺乏。"

易物交换网站和在线百科搜索让我们知道并不是什么都需要用钱来解决的，而金钱也并不是人们行为处事的唯一动力。互联网给了一个人发挥其影响的大舞台，看似很小的一件小事甚至是一句话，在无形中会影响到很多人。一句话可能就会对别人有所帮助，而且有时候我们并不期望从这种利他行为中得到什么，我们只是在做我们喜欢做的事。因为觉得有趣，就去表达一些个人感受。2007 年，

Reilly 传媒公司的编辑安迪做了一个为期一年的调查，起因是他看到互联网上影响广泛的用户自创文档如此之多，文档内容包括软件、硬件、游戏使用手册，而这其中业余爱好者提供的文档远远超过专业人士的原创文档，安迪想知道是什么激励着人们的这种行为。他展开调查，结果发现人们是自发地想为社会的发展贡献力量，其次也想要获得更多的关注度。

人们在不知不觉中进行着交换行为。当你在网易云音乐上面听到一首很好听的歌曲，把它下载下来，你得到了自己满意的音乐，还分享给了你的朋友，你传播了这首歌曲。而在无限制的传播过程中，这首歌曲就为歌手带来了利润和价值。每次你用 360 安全浏览器来搜索时，你都在帮助 360 提高精准定位广告的系统运算法则。当你在使用某项服务的时候就会给这项服务的提供商带来另一种有用的价值，但是很多人并未意识到这种交换行为的存在。社会交换论的创始人之一霍曼斯认为："人和动物都有寻求奖赏、快乐并尽少付出代价的倾向，在社会互动过程中，人的社会行为实际上就是一种商品交换。人们所付出的行为肯定是为了获得某种收获，或逃避某种惩罚，希望能以最小的代价获得最大的收益；这种交换不仅是物质的交换，还包括赞许、荣誉、地位、声望等非物质的交换，以及'心理财富'的交换。"在社会人际交往中，个体的相互认知、彼此的情感培养，都是通过具体的交换行为来实现和完成的。

在人际交往过程中，交换行为有明显的体现。通常关系比较亲密的人互相之间不在乎利益关系，甚至是以满足对方的利益为乐。有血缘关系的亲人或者相交甚欢的朋友会有这种亲密关系，因为特殊的情感因素，双方会为对方考虑，并且表现大度，乐于为对方奉献。在这种情况下，我们不会去考虑交换的价值，我们期待的交换没有时间、地点的设定，也没有质量、数量的衡量，只是出于对对方的关心爱护。人们在交往过程中总是喜欢"你来我往"的方式，这样既保持了长期的亲密关系，还为未来延续关系创造了便利条件，又实现了亲密关系意义上的自我价值。当其他人对此奉献行为进行高度评价或赞赏时，我们更会觉得自己的这种大度行为非常值得。

任何一种交际关系都是需要互动的，只有交互活动才能不断地培养亲密友好关系。

在生活中比较普遍存在的关系是互利型的社会关系，一般表现在同学、普通朋友、合作伙伴之间。在交换行为中，双方的目的是在实现自己利益的同时顾及对方的利益，通常情况下，首先满足对方的要求才能实现自己的利益。这种关系是比较稳固的合作关系。交换行为中，双方为了彼此合作愉快，会表现出较为诚信的态度，流程看起来都合情合理。与亲密关系不同的是，这种合作关系有一定的时间限制，有时为了公平公正，双方通过协商会制定一些原则来保证利益的达成。

还有一种典型的交换关系是互为自己的利益考虑，不顾及对方的利益。这种关系的特点显而易见，不具有亲密性。双方都想从彼此身上获得利益，他们当然认识到了彼此的这种交换关系，之所以互动能顺利进行，是因为双方都认识到对方不会关心自己而是只考虑自己的利益。只有自己对自己负责才能达到最终的目的。“利己型交换行为中最突出的特征是行动者不关心该行为的长期影响，他只把注意力集中在即时得到的价值。"所以这种交换行为是短期的、即时性的。一旦受到别人的伤害，在人际交往中往往采取对抗性的行为。这时候双方的交往就变成了以损害对方利益为目的。两者都站在自我的角度去谋求利益。

可见，不同的社会交换行为都与人际关系有着密切的关系，人际关系的变动也会影响交换活动的变化，唯一不变的是社会交换行为从古至今一直存在于生活中，影响着人们的人际交往。

在交换行为中必定存在着一些参照标准，以此来分析交换物的价值。人们进行物物交换的时候，会思考对方的交换物价值多少，多少个这样的交换物才能抵得上我的交换物，若是相差太多还不如不交换。在这个过程中交换者在心里会有一个最低交换标准，如果自己的成本都搭进去了，那就得好好考虑一番。但如果某一个人在交换时想得到某物却没有交换物作为交换的时候，对方则会考虑从其他地方得到相应的交换价值。举个例子：有一个经销商去某地出差，当地某商场前有好多个乞讨者，其中一个小男孩举着一块牌子走到这位经销商面前，牌子上写着"我需要一个擦鞋箱"，商人询问小男孩一个擦鞋箱需要多少钱，小男孩很诚恳地回答他是 125 元，而小男孩自己现在已经有 30 元了。商人觉得小男孩很诚实，便答应给小男孩 90 元让他买擦鞋工具箱，只是有一个条件，这 90 元只当做一笔投资，利息共一元，连本带利三天内还清。"交易"很顺利地在三天内结束了。而小男孩也有了自己的擦鞋工具箱，每天摆摊给别人擦鞋赚钱。25 年后，当经销商面临生意困境时，小男孩已经变成了一位成功的商人，并且以当年同样的方式帮助经销商摆脱了困境。

这个简单的例子说明在经销商和小男孩进行交换行为时，小男孩手中并没有用来即时交换的东西，而是在一定时间范围内把交换物还清。而经销商在交换过程中既帮助了小男孩，实现了自我价值，同时也得到了额外交换物。

社会关系的整体波动影响着交换行为，由信息交换、劳动交换、礼品交换开始，到如今出现了大数据交换。拿阿里巴巴数据交换平台来说，它的特点是集中云计算（存储）的各项技术，利用阿里巴巴各子公司数据仓库（平台）的运营经验，以阿里巴巴各子公司富有高价值的海量数据为资源，为客户提供各项海量数据计算，强调可交换性，从而实现双方共赢。

## 以物易物的优势

易货被视为一种能够增加资产、进入新市场、增加利润和创造财富的工具，在国际上越来越受重视。中国人可谓是易货思维的始祖，但随着货币的出现，人们为了统一计量和计算方便，易货贸易进入了3000年的沉寂期。随着贸易全球化和互联网高速发展，易货贸易又重新回到国人的视野。易货贸易由简单变多样再到完善，逐渐成熟，众多的易货公司纷纷崛起，易货业欣欣向荣。

如果你对一个企业家说，买他的产品或者服务，但是不付给他现金，他一定会皱眉头，但是如果你告诉他，可以不花钱就得到自己想要的物品，只要拿出仓库里的积压商品来换，那他一定会乐于合作。这就是易货吸引企业的地方：免费采购。

易货交易平台一般分为网站平台和移动端平台，平台为各种企业提供产品易货信息、交易管理和易货额度结算等服务，实现"一对多"或"多对多"的交换目标。其赢利模式是收取交易佣金和推广信息服务费。每个商户的交易金额以及交易细节在平台上都有数据记录，交易完成后，平台会根据一定比例，收取易出方商户的手续费。如果你想让自己的产品或者服务得到更多用户的关注，想要更快地成交，你可以缴纳一定的费用升级成为 VIP 用户，那么易货平台将会在网站首页帮你进行推广。这是易货网站给用户提供的增值服务。平台用户以中小企业居多，包括需要原材料供应和销售产品的各类企业。中小企业容易遇到无现金流、销路狭窄等一系列的问题，如果企业能够在易货平台上迅速行动起来，就可以盘活被库存产品占用的大笔资金，解决当下面临的问题。所以易货思维越来越被企业家所追捧，也符合当下的经济形势。

易物思维固然古老，但是它带给当今社会的价值却远远超出了人们的想象。在经济危机的影响之下，各商家纷纷打出了"促销牌"，送礼品、兑积分、打折扣，这种模式虽然能让消费者得到一些优惠，但是严重影响到了商家自身的经济利益，货不出库、无现金流等一系列的问题扑面而来，而且还影响商家内部员工的收入，导致商家和员工双双受损，而消费者却不一定买账，因为商家越送，消费者就越会认为商家的利润空间很大。消费者在选择商品的时候都会对折扣物进行比较分析，也会对争相送礼的商家进行一番比较，最后选择自己认为性价比比较高的那家，消费者喜欢商家的优惠，却又不喜欢越优惠越好，这种矛盾心理让商家哭笑不得。

所以很多企业在面临困难的时候都愿意尝试以物易物的方式，易货思维主要有几大优势：

（一）拓展销售渠道

通过易物平台，开辟企业营销新渠道。在线下销售渠道不变的情况下，在易物平台上采取以物易物的方式可以获得新的销售渠道。易物平台的用户覆盖全国各个地方乃至世界很多国家，信息量大、推广面宽，交易对象多样化。易物交易内容更为广泛，其交易产品不再局限于实物，更囊括非实物领域，如服务、闲置生产力、产权等无形资产。凭借着现代互联网的技术支撑，很容易解决信息不对称的问题，突破了传统易物在地域和时间上的限制。

以物易物可以降低企业库存积压风险，商品积压多为订单超预期所剩下的产品积压和客户退单部分。易物平台可以帮助企业快速地找到需要这批商品的易货伙伴，易出所余，易回所需。

易货交易的方式在白酒行业很普遍，很多时候企业为了处理库存，会用酒来抵消供应商的原料款，这是酒企与上游原材料供应商之间的一种常见贸易方式，不过在经销商层面比较少见。而与白酒易货不同的是，红酒企业选择易货的对象多以媒体为主，这些企业用红酒赞助媒体组织的宴会活动或者直接与媒体进行广告置换，从而拓展红酒的销售渠道，清理库存，隐性避税。

由于白酒企业与上游原料供货商采用易货方式进行交易已经成为常态，这使许多供应商成为酒类经销商。这种贸易方式在酒类行业被称为"补偿性贸易"，这是酒业内部的机密。酒企可以借此减少库存，因为不产生现金流还可以达到避税的目的。

很多名酒企业易货的目的是为了提高消费者对其关注度，比如红酒企业喜欢与媒体易货。原因是媒体所接触的多为高端人群，而这部分人群是酒企想找都难找到的人。这对酒企来说，自然非常有吸引力。

某酒业老板透露，有一次某中央级媒体组织了一个规格非常高的年会，参与人员基本都是各企业的老总，同时不乏社会精英，而这部分人群正是酒企的目标消费群。如何把红酒摆到招待会的酒桌上，扩大影响力呢？最后酒企选择了用红酒换媒体软文的方式。用价值10万元钱的大师级解百纳干红共300多瓶，置换了这家媒体半个版面的软文，并将该酒当作礼品向年会贵宾赠送，从而达到了立体宣传的效果。

（二）节约成本

对于个人而言，平时需要用钱来买的各种产品或者服务，通过交换自己不需要的物品就可以得到了。易物不仅节约了金钱的成本，更发挥了资源的可持续性，使得物尽其所用。

　　对于企业来说，采用线上的易物方式，可以节省大量的差旅费用，节约人力和时间等，有效控制交易成本。线下销售往往有很多流通环节，找代理、铺市场也需要损耗大量的人力物力，折腾一番也不见得会有明显效果。线上易物平台有一个好处是可选择的商品资源丰富，就算同种商品也可能品牌不同、用料不同、性价比不同，企业可以有较大的选择空间。双方一旦达成交易，也不会涉及货币，就算通货膨胀也不会受到影响，因为在交易过程中双方的商品价格在大环境的影响下都是同比上涨或者下浮。企业利用自身的库存剩余换回本需现金购买的商品，既解决了库存积压，又节约了采购成本，可谓一举两得。

　　亨斯迈作为世界最大的化工集团之一，旗下拥有多家化工企业，在困难时期也使用易货思维，顺利渡过难关。

　　亨斯迈是亨斯迈集团的创始人，他有一个中文名字：洪博培。他有一家名为"亨斯迈包装盒"的公司，以设计生产盛装麦当劳巨无霸的扇贝形包装盒而知名。亨斯迈回顾当年的情况时说，1973年公司面临石油输出国组织禁运的威胁。"禁运等同于给石油化工产品生产下了禁令。石油只拨给了一些有长期合约的石化企业。当时许多企业都没有长期合约，我们公司就是其中一个。"

"亨斯迈包装盒"离不开聚苯乙烯，这是制造塑料胶片、鸡蛋盒、快餐盒还有麦当劳"巨无霸"包装盒的必需材料。在这之前亨斯迈获得聚苯乙烯的途径是一半来自加州的"钻石塑胶"，另一半来自陶氏化学。OPEC 禁运以后，"钻石塑胶"迅速买下 OPEC 的全部聚苯乙烯拿到交易市场上去卖，不再向亨斯迈供货。陶氏化学也减少供应，只按合约规定供货量的 50% 供货。

在这种情况下，亨斯迈开始通过最原始的物物交换来解决问题。亨斯迈唯一能够获得聚苯乙烯的途径就是找到生产聚苯乙烯的企业，拿它们奇缺而又在市场上找不到的东西和它们交换。亨斯迈用它们所缺的丁二烯、乙烯或其他产品换得聚苯乙烯。在一两次交易之后亨斯迈有了新发现，其实没必要只局限于聚苯乙烯，可以通过不断地交换产品，找到一种比此前交易时提供的产品价值高得多的产品。这就是易货的魅力，有时候交易六七种产品，最终找到某种难以找到的化学品或是石油化工品，然后以高价卖出。

　　这就是亨斯迈的易货思维。比如阿科化学公司有亨斯迈需要的聚苯乙烯，但他们需要苯乙烯单体来生产聚苯乙烯。在匹兹堡有一家公司可以大量供应苯乙烯单体。而亨斯迈所做的只是从这家公司买来苯乙烯单体，转手卖给阿科，一天之中净赚 60 万美元。

　　在这其中很少有银行愿意贷款参与，只有一两家金融机构开出了信用证。在当时没有一家银行明白亨斯迈在做什么，没人理解他的做法，他拼命说服银行这是笔好买卖。亨斯迈回忆说："我们在最后一笔交易实现后，才为交易开始的第一个产品出钱。在买下第一个产品之前就已经把最后一个产品给卖了。这样解释后，银行才知道我们做任何一笔交易都不会赔钱。"

　　易货给亨斯迈带来的不仅仅是生产必需的原材料。它让亨斯迈萌生了介入化工行业的想法，他不再拘泥于从事包装业。它就像一把钥匙，为亨斯迈打开了一扇新世界的大门。通过易货，他了解到一个全新的行业。亨斯迈每做一笔交易总能成功。事实上在易货之前，亨斯迈从来没有如此迅速地积敛起这么多的钱。

　　在当时 8 个月的禁运期间，亨斯迈通过他的易货公司"亨斯迈贸易"赚下了 500 万美元。他用这笔钱的一部分增加了他在"亨斯迈包装盒"公司中的股份——从 40% 到 60%,为"亨斯迈包装盒"公司新增 200 万美元资金。剩下的 300 万美元,则用来介入石油化工市场。

2001 年他的企业受到成品低价和原材料高价的冲击,濒临破产,他也同样采取易货思维渡过了难关。

（三）盘活资金

易物交易给企业带来最直接的好处就是清理库存积压,不仅仅是剩余商品的存货,还包括原辅材料、备品备件库存积压。通过易物平台上的多方贸易,即可换来企业本应该用现金购买的物资,减轻了资金方面的压力。

常规企业都是用现金买生产原料,从销售产品中获得的资金减去购买原料的费用就是企业赢利,但是通过易物的方式,企业借助易物平台清理库存积压,用产品来获得生产原料,规避了资金短缺的问题。将闲置物品变为他人的需要,可以避免资源浪费。

案例一：马鞍山市在经济资源有限的情况下，通过资源置换，盘活城市资源。时任马鞍山市长的丁海中以"政府置换土地、企业置换产权、职工置换身份、健全社会保障"为主要内容的产权制度改革实施市场化操作。当时马鞍山市纺织厂是改革试点之一，政府为企业提出了"三个置换，一个保障"的改革方案建议，通过各方面的资源置换解决了当时的市场经济难题。通过案例我们可以看到政府利用行政手段，通过易物这种方式，进行市场化资源配置。

案例二：很多人都知道美国的麦道直升机公司，却不知道其背后易货的故事。麦道公司曾用易货思维解决了 1600 万美元的库存。

麦道公司是全球攻击型直升机和轻型涡轮商用直升机的主要生产商，也是全美最大的军备供应商。在 20 世纪 80 年代，麦道公司为了保证生产线所需零件的持续供应，过高估计了散件的需求，导致螺母、螺钉、垫圈、索环、铆钉和其他用于航空制造的零件大量积压，总价值达到 1600 万美元左右。由于不知道这些多余零件何时才能使用，其储存费用和日常开支大大超过预计的重置成本。所有人都知道这种长期闲置的资产必须进行清算。麦道公司当时曾试图通过卖给清算机构、退回原制造商以抵账等几种渠道处置这些积压散件，但最高报价却只有 55 万美元，只相当于存货原价的 3.2%，或者说比存货原价少了 1545 万美元。公司库存管理机构通过分析和慎重评估，最终决定通过易货公司来处理库存，将所有这些零件以原价换成能够立即使用的资产。

在《易货新闻》杂志出版人鲍勃·迈斯的帮助下，麦道公司确定了 13 家易货公司备选，并决定由国际补偿和易货贸易部门组织实施。为了保证对这 13 家公司进行公平、公正和客观的评估，该部门组成了一个资产重新利用小组，并由该小组建立了一套评分体系模型。不久，麦道公司将招标书分别送到上述 13 家公司，同时资产重新利用小组开始会同法律部和信贷部的人员进行审慎而深入的调查。通过分析投标书，并对初选模型进行了认真的分析后，麦道留下了三家易货公司，并立即对其进行了现场调查。通过现场调查和与候选公司负责相关领域的人士进行交流，麦道公司获得了有利于做出选择的清晰证据。其中对"易货额度的使用"和"存货的处理"这两个领域的调查对麦道公司有重大意义。调查之后，麦道公司制定了一个最终分析模型表。经过资产重新利用小组长时间的会议讨论后，麦道公司决定与 The Mediators 公司签订合同，由该公司来处理积压库存，并完成易货额度的使用。

麦道公司易货贸易经理加利·帕斯芙克认为，这次易货交易虽然是一种应急措施，但它将会逐渐体现出更多的主动性。他表示，虽然现在有一些公司使用娴熟的管理技术，比如"实时"采购来避免库存积压，但对许多公司来说，这并不容易做到。因为产品的生命周期正在飞快地缩短，所购买的原材料也在不断改变，即便有先进的管理技术，原材料或剩余产品的积压还是不能避免。而和其他处理积压库存的方式相比，易货不能不说是一种能够收回更多资金，进行资产重新利用的最好的处理方式。

（四）拓展资源

易物平台拥有广阔的渠道资源和丰富的信息资源。会员企业可以利用平台网站、系统刊物或者一些系统活动发布易物信息，并了解同行业的信息和产品市场动态。

在易物平台上企业比较容易找到适合自己的项目，在获取易物信息的同时，可以利用自己的产品进行投资、置换，获得现金、债权、股权等收益。在易物时可以与对方建立良好的合作关系，拓展人脉资源。

案例：近些年来旅游景区门票经常以礼品、奖品等形式出现在一些企业活动上。在这里景区付出的是门票，收获的是免费旅游宣传，而企业则节省了礼品的成本。用这种方式可以很大程度上盘活资源、降低成本、增加收入。

旅游景区往往是通过户外广告、电视、报纸、广播等形式进行宣传推广，尤其是媒体广告，由于宣传效果好，速度快，深受景区青睐。但是想要在知名度高、影响力大的媒体上做广告，费用相对较高，很多景区因为资金有限所以望而却步。

任何问题都有解决的办法，如果景区用易货思维来思考这道难题，那就会变得很容易。景区可以和媒体进行易货交易来达到低成本甚至零成本宣传的目的。那么媒体是否愿意和景区做这笔交易呢？互联网的飞速发展使得媒体发展迅速，广告资源过剩，媒体的广告渠道也非常之多，比如纸质媒体的版面、电视广播的广告时段、网络媒体的插播广告、空白的户外广告牌等，不做就是白白浪费。借助剩余资源易货也是绝大部分媒体的选择。因此旅游景区和媒体置换广告是一种可行的易货方式。旅游景区的成本是固定的，一个人在景区消费和多个人在景区消费，成本不变，利润却是少与多的差别，而增加门票几乎没有成本。通过易货的方式，景区用接近零成本的门票做了宣传推广，带来了大量的游客，节省了广告费用，还促进了增收。

媒体则利用剩余资源换来了景区门票、酒店住宿等，可以组织单位员工旅游，给员工发放福利，或者作为活动礼品赠送等。媒体还可以利用景区门票进行多方易货，从而获得更大的利润。这是一个多赢的结果。第一，广告媒体可以让其员工免费旅游，节省了一大笔旅游资金，增加了团队凝聚力；第二，旅游景点用门票换广告，成本不变，游客增加，收入增加；第三，旅游景点可以带动周边经济的发展，人们在旅游途中的衣、食、住、行等都需要消费，提高相关产业的消费水平；第四，旅游业的发展不仅能增加税收，还可以增加就业岗位。

目前全国有大量旅游资源浪费闲置，数千亿的广告资源和上万亿的企业职工旅游消费市场未被激活。如果用易货思维来思考，这将是一个庞大的市场。旅游景区不仅需要广告，还需要大量的用品，大到汽车、设备，小到毛巾、牙刷等。现在很多景区内有小食店、水果店、服装店、花店、纪念品店等，店里的商品都可以通过易货得到。

（五）提高知名度

如果你在易物平台上搜索某个关键词，会跳出来很多的信息。易物平台上信息量大，覆盖面宽，而且在系统内部有严谨的信息审核制度和标准，会员企业的信息能够在这个平台上发布就会大大增强客户的信任度和认知度。

（六）改善职工福利

企业可以通过易货来换取用于发放职工福利的商品，也可以在内部打造企业与职工的易货活动。在这种易货活动中，企业拿职工所需要的生活用品与职工的劳动（创造）能力进行交换。或者建立职工之间的易货市场，也可以在易货平台上对职工发放易货额度，让职工自己选择需要的商品。一方面企业培育了职工的易货技能，为易货销售奠定了基础；另一方面，企业给职工发放福利，不仅改善职工的生活，稳定人心，而且送给职工商品，等于是卖出了产品。企业送职工商品还有一个好处就是推动产品销售，新产品可以由职工最先消费体验，职工作为，消费者对商品的满意程度决定商品的销量，通过这种方式企业可以得到消费者的满意度回馈。

总而言之，易货交易让企业降低成本，提高了使用效率，也让非战略性资产为企业创造价值。

自 20 世纪 80 年代起现代的易货方式在美国、加拿大、澳大利亚等国普遍兴起以来，已经成为市场经济重要的、有益的补充交易形式，成为大多数企业减少现金用量、降低市场风险、增加销售、减少库存、开发新客户、开辟新市场、促进经济发展的重要手段。现代易货在中国也一定有广阔的发展空间。

# 第三章

## 差价思维

## 病毒式的"免费"

让具有工作意愿和工作能力的所有国民，充分发挥他们的能力，就能创造出一个不亚于西方国家的高收入社会、没有贫困和不幸的社会，通过国民自由发挥创造力来取得雄厚的经济实力，并由此实现国民福祉和建设国民文化生活的社会。要想使这样的社会变为现实，只要我们愿意努力，就一定能够梦想成真。

——下村治《日本经济增长论》（1962 年）

无论在哪个时代，人都是要消费的。不管是文艺复兴时期的意大利还是江户时代的日本，又或是经济低谷时期的中国，消费市场都没有停止过喧闹。商家让消费者产生消费的念头是一成不变的，市场需要什么，商家就会应市场需求去生产什么。免费思维的出发点是为日后赢利打基础，对于商家来说，免费可以最大限度地吸引消费者的眼球，一些看似不可能的事情通过巧妙地运用免费思维而变得有可能。为迎合不同消费者的不同心理，多种多样的差价策略也应运而生。

最早打破传统差价思维的人并不是一个精通商业的企业家，而是一个不得志的推销员。他就是世界著名品牌吉列剃须刀的创始人——金·吉列。他16岁时就开始工作，直到40岁时才迎来了职业生涯的转折点。

金·吉列出生在美国芝加哥的一个小商人家庭，父亲的生意时好时坏。他16岁那年，父亲做生意破产，生活陷入窘境，还在上学的吉列被迫辍学。小小年纪没有学历，没有经验，最容易找的工作就是推销。吉列自己可能都没想过会在推销员这条路上走24年之久。他推销过各种各样的产品，工作又苦又累，非常考验人的意志力和能力。这些经历为吉列后来的成功打下了坚实的基础。

他推销过一种新型瓶塞，虽然这个小小的瓶塞样子很不起眼，价格也比较低，但却非常受消费者喜爱，在市场上卖得很火。他不能理解如此普通的瓶塞为何受到消费者的青睐，于是他便去问老板这种不起眼的瓶塞为什么这么热销。老板告诉他这种瓶塞最大的特点就是用完即扔，使用起来非常方便，这种一次性产品消耗快，自然也卖得快，而且它的价格低廉，消费者很乐意接受这种性价比高的产品。

吉列每天出门推销的时候都会把自己捯饬捯饬，在刮胡子的时候，吉列愤怒地想，为什么没有一把既锋利又好用的剃须刀呢？当时的剃须刀是刀身和刀片连在一起的，刮起来费时费力，稍不留神就会刮破脸皮，而且刀片还不锋利，需要经常磨。吉列有了自己开发剃须刀的念头，这种剃须刀要像瓶塞一样给消费者提供方便，而且刀片可以用完即扔。

他立即买来锉刀、夹钳、薄钢片等工具和材料，关起门来用心地研究。刀身和刀片不能连在一起，刀片可以替换，而为了节省购买成本，刀身是可以反复使用的。经过反复研究，吉列终于制作出了心中想要的那种剃须刀。

在样品出来之后，吉列信心十足地到处找人合作。在1901年，机械工程师尼克逊看中了吉列的这个设计，成为吉列的合伙人。1902年，吉列剃须刀开始大批量生产，但是推出后市场销量并不让人满意。一年时间里，总共卖出刀架51个、刀片168个。面对这样的销量，吉列百思不得其解。

多年的销售经验告诉他并不是自己的产品不行，要坚持下去。吉列想尽各种办法，他请漫画家设计出有趣的广告。持续不断的广告宣传让吉列剃须刀在美国消费者心中占据了一席之地。他把剃须刀低价卖给银行，银行把它送给新开户的顾客。随着第一次世界大战的爆发，吉列又找到了把剃须刀推向国际的方法，他利用差价思维，以优惠价卖给政府，政府再提供给士兵使用，而且让美国的同盟军也爱上了吉列剃须刀，使剃须刀的销量剧增。战争结束后，士兵们把剃须刀带回了各自的祖国，这等于免费为吉列公司做了最大的广告，使吉列走向了世界。

其实吉列的安全剃刀在当时并不是最好的剃须刀，而且生产成本也比较高。产品之所以畅销，其优势在于价值 5 美分的吉列专利刀片，每个刀片可以使用 6 到 7 次，因此每刮一次脸所花的钱不足 1 美分，当时去一次理发店刮脸需要 10 美分。刀片可以随时替换，刮胡子时不会伤及皮肤，消费者愿意花钱去买。吉列的真正赢利点也来自高利润的刀片，虽然刀片标价并不贵，但是实际成本还要低得多。

吉列的商业思维给现在的很多商家做了成功的示范，产品和服务以免费的形式给予用户，降低了用户接受的门槛。在差价思维中，免费产品与收费产品一定要具有高度关联性，二者之间最好有极强的互补性。瑞典某包装材料公司为中国很多缺少资金的初创公司提供免费的包装机，但是这个包装机只识别自家的包装材料，这就牢牢锁住了一大批的客户群。

国内的车音网采用的方法和吉列公司的免费方式有很多相似之处，吉列公司用相当廉价甚至接近免费的价格出售刀架，从替换刀片上赚钱，而车音网对通讯收费，对导航、救援等服务免费。

"如果你是车音网的会员，我们将会给你提供如下服务：在开车时如果拨打和接听电话，手不用离开方向盘，眼睛也不用左顾右盼，只要口头下指令即可以搞定，而电子邮件、网上新闻、交通信息等均支持语音播报，两只耳朵足以应付。"这是车音网官方网站上对用户做出的承诺。车音网一切服务的基础都来自于语音识别技术。

车音网的团队曾经成功创办过一家公司，很多语音服务界、通信界的行业巨头都与这家公司合作过，包括中兴、华为等。

很多人在开车时为了安全起见不会接打电话，车音网的语音识别系统可以将车主的手"解放"出来，可能在等红绿灯的时候他就可以顺便谈完公事了，这对于车主来说既安全又方便。车音网的服务包括通讯、导航、紧急救援、代办违章等。紧急救援以及代办违章并不是什么新鲜事物，很多汽车俱乐部都可以提供类似服务，车音网认为要在这一部分对会员收费是很难的，但打电话要交费却天经地义，所以就在打电话这一服务上面下功夫。车音网提供包话费服务，通过买断运营商的某些线路，可以为会员提供十分便宜的通讯服务。每年只需要交两千多元话费，可以不限量打国内电话，还包括 1000 分钟的国际长途，在国内所有的汽车俱乐部提供的服务里，这一点是很难做到的，所以车音网的这项优惠对会员产生极大的黏性，使会员群体越来越牢固。

人有害怕吃亏的本能，而车音网通过对大家都认可的需要收费的那部分（通讯）收费，就让用户的这一"心智交易成本"不复存在，从而使用户乐于付费并续费。在收取的话费中，扣除运营商的分成，车音网还能赚取很高一部分利润。

敢于运用免费思维的企业一定是对自己的产品有足够的信心。广州的流行美，在 20 世纪 80 年代就无意间开始了对免费思维的探索实践。这是一家与互联网毫无关联的发饰公司，创始人赖建雄最初只是从中山大学毕业后在广东佛山百花广场开了一家小小的发饰店，出售用来盘头发的发簪、发梳等功能性发饰。前来观赏的顾客倒是挺多，但是真正掏钱买的人并不多，因为在当时人们并不知道这些功能性发饰该怎么使用。于是他想到教人们使用这种发饰，他在店里推出免费盘发的服务，只要顾客购买他的发饰，赖建雄就会免费为顾客盘一次头发，戴上发饰。这项免费服务推出以后，他的发饰产品销量几乎每天都会翻一番。目前流行美在北京、成都、武汉、苏州、广州等多个地区都设立了管理中心。

流行美的免费方式也与吉列剃须刀的免费模式有着异曲同工之处，它以较高的价格出售发夹，为顾客提供免费后续服务。能一直保持或者刷新销量的主要原因就是因为产品的质量过硬。流行美有自己的设计团队、顾问团队等，会时刻关注潮流方向，在每一季都会推出新的产品，并且会构思出一个动人的故事配合着这一季产品的独特主题。

为什么流行美的发饰如此受欢迎呢？这与它的免费思维脱离不了关系，天下没有免费的午餐，免费最终都是为了收费。在发饰行业里，很多品牌不会有增加服务的举措，因为一旦增加服务就意味着员工成本的增加。类似盘发这样的服务不仅麻烦而且非常占用店员的时间和精力，最终还不一定会转化为实际的消费，吃力不讨好。但赖建雄认为，为顾客免费设计发型，教顾客盘发、化妆，通过美化自己来提升自我形象，流行美的产品附加价值会大大提高。这一看似不起眼的举措，使得流行美由"单纯产品物理功能价值"转向为"产品的功能价值加免费发型设计的服务价值"，实现了经营模式质的飞跃。因为经常来免费盘发，不同的发型当然需要不同的发卡才能实现，因此消费者在流行美的消费频率极高。

在赖建雄看来，不管是对于互联网公司还是非互联网公司，免费模式的作用都在于增强，消费者的黏性，进而带动消费者进行消费。

从车音网和流行美的例子可以看出，差价思维需要企业提供多种产品或服务，而且产品或服务之间必须有很强的关联性。这多种产品或服务组合在一起，就变成其他竞争者无法超越的核心竞争力。免费的部分是其他竞争者可以提供的，但是收费的部分是别人无法模仿的。

当下免费模式大热，不管是什么行业都想尽办法来利用免费思维。移动互联网时代，各种应用软件下载平台开启了免流量模式，但是不少免流量平台的免流量程度并不是很彻底，用户在选择时会在心里做一番比较。

在众多免流量平台中，免流量板块主要分为两块：免流量专区和假期流量礼包。免流量专区顾名思义就是在此专区内的所有应用都可以免费下载，专区内的软件一般都较小，用户在下载过程中，平台产生的流量损耗较小。假期流量礼包则是设定了时间限制。而蜗牛免商店却可以做到百分之一百免费，并没有下载数量和时间上的限制，平台内所有的游戏都可以免流量下载畅玩，这给消费者带来了很好的用户体验。曾有一位手游玩家晒出流量账单，他在一个月的时间通过免商店下载了 5 款大型手游，耗费的流量将近400MB。如果他每个月下载游戏都消耗这么多的流量，粗略计算，他一年使用的流量可以高达 4GB。根据运营商的资费标准，这位用户所产生的费用是数百元之多，但是这些所有的流量耗损都是由免商店来买单，用户不会产生任何扣费。

"经调查，流量问题已经成为一个影响用户手游体验的重要原因。用户有免流量需求，我们就去满足。"蜗牛免商店负责人谈到百分百免流量时说。免商店不仅对下载游戏免流量费，部分游戏还推出了"下载＋畅玩"的流量双免模式，意味着用户不仅下载游戏免流量，畅玩游戏时所产生的流量也是由免商店来买单。在免商店平台上你可以看到很多这样的游戏软件。"在打造蜗牛免商店的时候，首先考虑的是如何服务好用户，然后才是商业模式。"自从免商店在浙闽苏三省开启体验测试以来，凭借其用户至上、服务至上的特性，迅速收获了数十万用户的心。两个月的时间，免商店就为用户提供了超过百万次的免流量游戏下载服务，产生的流量累计达到数万 GB，平均为每位用户节省数百 MB 的流量。在未来免商店还会提供给用户更多、更大的优惠。

在电子商务领域，网上商店软件系统市场做得最大的无疑是 ShopEx，中国排名前 100 位的电子商务企业中，80% 以上都在使用 ShopEx，而其成功的商业模式也是免费。

提起电子商务企业，我们首先想到的可能会是淘宝、天猫、阿里巴巴，但是独立电子商务网站的发展速度也不容小觑。在 ShopEx 的用户中，年销售额达到亿元的已经有数百家。所有用户都可以免费从 ShopEx 网站下载软件，但是如果需要更个性化、更好的服务就需要付费。这是商家惯用的一种差价思维，但是消费者很乐意配合。很多用户通过 ShopEx 赚到了钱。按照 ShopEx 的首席执行官李钟伟的说法，微软用了二十多年，让 Windows 成为大多数个人电脑用户必备的操作系统；ShopEx 的目标就是做电子商务企业的"操作系统"。他和他的团队几年来一直致力于这样的目标，而且正在实现。

目前使用 ShopEx 软件系统建设电子商务网站的用户已经超过 80 万家，并且每天都在以惊人的速度增长着。如果每个用户都为此付费，那 ShopEx 的利润是非常高的，但是李钟伟并不打算从每个用户手中都获得收入，90% 以上的用户都在使用 ShopEx 的免费服务，并且把自己的网站管理得很好，而只有 6% 的用户会用到付费服务。像大多数运用免费思维的企业一样，ShopEx 并不急于赚钱，因为当 ShopEx 对一家电子商务网站的价值像 Windows 对一台电脑的价值一样的时候，不管通过什么方式都是有钱赚的。正如李钟伟所说，免费带给一个企业更多的用户和流量，当所有人都在使用某款产品或服务的时候，根本不用担心没钱赚。

其实在 2002 年 ShopEx 在最初的时候，既有免费版本，又有收费版本。在 2006 年李钟伟投资 ShopEx 并兼任首席执行官时，他决定取消 ShopEx 的收费版本，只做免费版本。在 2006 年，每套 ShopEx 的价格是 3000 元左右，一个月大约能卖出五六十套，对一家小公司来说也算不错的收入；而那时的免费版本在功能上还有很多限制，但是每个月新增的用户就有五六千人，比收费版本高出100倍。当看到免费版本用户的增长速度时，李钟伟很明确地知道了ShopEx未来应该走的方向。

李钟伟并不认为ShopEx与阿里巴巴、淘宝是竞争的关系。很多淘宝网上的卖家都会选择另外的独立网站同时运营。淘宝网是中小卖家甚至大卖家很好的平台，但是这个平台并不能满足所有人对电子商务的需求。淘宝网要求每一个卖家都遵守同样的规则，为买家提供同样的服务，但是很多卖家有能力提供更差异化、个性化的服务。

运用免费思维的企业都相信，只要为用户创造出了价值，企业也终究会得到回报。而ShopEx为用户提供的价值是显而易见的。用户免费使用ShopEx开展B2C业务，使得网站建设的技术成本、时间成本降到接近于零，而此后在实际的操作中会有很多问题，比如软件的操作、更新、维护等技术层面的东西，并不是每个用户都能搞定的。如遇到一些突发情况，只有懂技术的用户才知道怎么解决，不懂技术的话就需要请人帮忙，这样一来就增加了人力成本。很多用户更愿意找 ShopEx 来解决这些问题，ShopEx 对自己的产品肯定了如指掌。

ShopEx 为用户准备了不同的方案，每套方案从 2000~11000 元不等，用户可以根据自己的具体情况来选择适合的方案，这就是 6%的付费用户的来源，不过李钟伟强调，ShopEx 不会在付费服务方面引导用户。懂技术操作的用户，通过免费的服务就可以解决店铺的一切需求，对于没有技术能力的用户来说，为了店铺更好地运营，自然就会考虑请专门的技术人员或者买技术服务来降低风险。"就像我们从事外事交流的时候，如果你英语很流利的话，就不需要聘用翻译了。而如果用户自己可以沟通得很好，ShopEx 没必要因为为用户做了一些事情，就强迫用户请自己做翻译。"

总之，作为商家，如果通过"免费"可以获得更多用户的注意力和忠诚度，就有必要尝试一下，因为总有 5% 或者 6% 的用户愿意为差异化服务买单，或者总可以从差价互补中获得收益。

# 航空业的奇迹

如果有人告诉你坐飞机不要钱，你一定会很惊讶吧？世界上的确存在这样的航空公司，那就是瑞安航空公司，这是由托尼·瑞安 (Tony Ryan) 于 1985 年创立的，总部设在爱尔兰的都柏林。

《经济学家》评论瑞安航空公司是世界上最能赚钱的航空公司，但是它的票价却非常低廉甚至是免费的。2010 年，有 50% 的乘客可以免费搭乘飞机。而早在 2004 年，就有 20% 的乘客免费乘坐了瑞安的航班。瑞安公司也号称其票价比主要竞争对手 EasyJet 便宜了 70%，所以如果你不在免费乘客之列也没关系，你的票价仍然非常低廉。那么问题来了，瑞安航空公司是如何做到票价低廉还能盈利呢？

首先对于不获利润的航线，瑞安航空果断取消，并且决定只用波音737飞机，飞机降落地点是收费相对便宜的二流机场；其次飞机上的消费是需要顾客来买单的，瑞安航空向一些国际航空公司学习，机上兜售三明治和饮料。

瑞安航空迅速成为欧洲最大的廉价航空公司，拥有两百多条廉价航线，它可以把你带到近20个国家的近100个目的地。它的成功让爱尔兰成了欧洲航空革新的发源地，吸引了很多航空公司向它学习。

瑞安航空公司之所以能做到票价低廉甚至免费，根本原因在于低成本。只有低成本才能维持它持续不断的低价格，才能获得源源不断的高利润，赢得顾客的心。

## 一、提高飞机利用率

相比大型国际航空公司来说，廉价航空公司肯定有它不足的地方。瑞安航空公司通过增加载客量来抵消票价超低的负面作用，在有限的机舱里增加乘客座位，所以机舱会相对拥挤，座位的间距比较狭窄。瑞安航空公司的机型只有两种，一种是 130 个座位的波音 737-200 客机，另一种是 189 个座位的波音 737-800 客机。这样一来，大大降低了购买新飞机和维修的成本。提高飞机使用率也是一种提高利润的方法，对于一般航空公司来说，每架飞机每天的飞行率是 3—5 次，而瑞安航空可以高达 8 次。有限的飞机数量创造了无限的利润空间。

二、特殊化服务

（一）瑞安航空公司的机票从来不设定座位，先登机者可以随便挑选座位。在欧洲，人们有一种"时间就是金钱"的意识，往往更注重效率。这样的安排，免去了找座位时的耗时耗力。

（二）各大型航空公司的机票中包含 14% 的机上餐饮费用，而瑞安航空公司为了降低票价不提供机上免费餐饮，乘客若是有餐饮需求，需要自行付费。对于很多人来说，即使这样也比乘坐大型航空公司的飞机要划算得多。

（三）在瑞安航空公司，空姐不仅负责机上的餐饮服务，还要从事打扫卫生等其他工作，可谓一人身兼多职，但是没有人提出异议，因为她们可以获得销售收入 10% 的提成。多劳多得在这里也同样适用。瑞安航空公司在招聘新员工时有一条规定是年龄不得超过 30 岁，所以客机上的工作人员都是充满活力的年轻人，平均年龄只有 27 岁。瑞安航空是欧洲航空界员工平均年龄最年轻的航空公司。

三、降低外部成本

（一）瑞安航空通常都是租用便宜的机场降落，比如从都柏林飞往巴黎的航班从不在巴黎市区的戴高乐机场起降，而是从巴黎郊外 60 公里的小城博韦市起降，距离虽比戴高乐机场远了许多，但由于远离市区所以租金低廉。

（二）瑞安航空公司会选择一些大型航空公司不飞的冷门航线，由于偏僻航线航班少，乘客的选择面就很窄，瑞安航空公司正是利用这一特性，巧妙避开激烈竞争，获得这批乘客的青睐。

（三）为了最大限度地减少建设销售机票网点的庞大开支，瑞安航空公司把占机票 10% 的代销费收归己有，自己办起网络订票及售票系统，乘客只需在互联网上下单即可，既方便了乘客也降低了成本。

最大限度地降低成本，从管理模式的选择到飞机的运行方式，从经营方式的选择到员工的激励方法，从销售渠道的控制到销售的方式等，都保证了其低价格下的丰厚利润。曾经被瑞安航空公司挫败的竞争对手说："你斗不过成本比你低的人，他们把价格降得比你还要低，而你大出血时，他们仍然在赚钱。"

瑞安机智地用售卖商品来取代免费发放食品，光是这一项在 2005 年就为瑞安赚回了 6100 万美元。除了食品和托运行李都实行收费外，飞机上还设有赌博和一些游戏业务。乘客在飞机上的娱乐活动都是瑞安赚取收益的途径，乘客也会很乐意参与其中，既打发了旅途的无聊时间，又从中获得了快乐。瑞安航空公司也因此成了爱好游戏和赌博的顾客心中的首选。

"一个优秀的公司永远只在做两件事：降低成本和提高收入。"

瑞安与很多酒店、租车公司建立了友好互利合作关系。瑞安在官网上设置租车和订酒店服务，顾客只要通过网站进行租车或者预订酒店，瑞安就会得到一定比例的利润分成，这个项目仅在 2005 年就为公司创造了将近 1 亿美元的收益。为了给乘客提供更好的服务，瑞安在飞机上配备了移动通信业务，乘客可以像在乘坐地铁或公共汽车的时候一样打电话、发信息，根据乘客的使用情况对其收取费用。可见，瑞安公司总是在为客户创造价值，提供方便；不断地创造需求，满足需求；不断地开发新项目，将不可能变成可能，将可能变成现实。

瑞安在最初创办时只有一架 15 座的飞机，到后来成为欧洲廉价航空行业的领头羊，始终利用差价思维，创造了航空业的奇迹。

在中国也有一个很好的航空业"免费"案例：在四川成都机场，你一下飞机就会看到上百辆休旅车等候在那里，上面标着"免费接送"的字样。

相信很多乘客都会选择搭乘这种免费的车。如果你想去市里，搭出租车需要花费 150 元左右的人民币，但如果你选择这种黄色的休旅车，你不仅不会被收钱，还会被安全送达目的地。

四川航空公司一次性从风行汽车公司订购了 150 台风行菱智 MPV，用来提高陆地上的服务水平，也就是免费接送乘客。为了给乘客更好的服务体验，川航选车也制定了严格标准，车的外观、内饰要给人以舒适的感觉，车的动力、操控性能要好，还要节能环保，总之各方面都要达到服务航空客户的基本要求。

这么一大笔投入却为川航带来上亿的利润，让我们来看看四川航空公司为乘客提供免费的服务背后是怎么赚钱的。

这 150 台休旅车每台原价是 14.8 万元人民币，四川航空公司与风行汽车公司达成协议，以 9 万元一台的价格购买，前提条件是免费给风行汽车做广告。四川航空公司让司机在载客过程中，顺其自然地向乘客详细介绍这台车，间接地销售汽车。每台车可以乘坐 7 人，如果每天接送乘客三趟，150 台车接送的乘客就是 6300 人，那么一年带给风行汽车的广告受众人群就超过二百万，相比投放电视广告，这种口耳相传的宣传不仅省钱，而且效果相当显著。

四川航空公司和司机的合作也很划算，每载一个乘客，川航就会付给司机 25 元。司机必须从川航手中买下这辆休旅车，才可以工作。此车川航出售给司机的价格是 17.8 万元。这么高的价格为什么会有司机接受呢？原因在于如果这位司机原本想进入出租车行业，就要先缴纳一笔和车价差不多的保证金，而且他只有车子的使用权，没有所有权，还需要在路上到处跑才能找到客人。成为川航的专线司机，他有固定的客流量，拥有车子的所有权，收入比较稳定，这比做出租车司机划算很多。花费 17.8 万元就可以有稳定的客户源，这里面还包含了特许经营费用、管理费用。

四川航空公司通过这样的一买一卖立即收入 1320 万元，随即推出了只要购买五折票价以上的机票，就送免费市区接送的活动。

据统计，四川航空公司自推出这项活动起，平均每天都多卖出 10000 张机票，可想而知它的利润会有多大。而且与车商的协议过了时限后就可以收取广告费。四川航空公司成了最大的赢家，车商、乘客和司机也都不吃亏。车商虽然低价售车，看似有些亏本，但是如果把这笔钱当作广告费，那是相当划算的。在电视上花同样的广告费也比不上现实生活中人们口耳相传的效果好，还多了150名免费的销售人员。对于乘客而言，省下了150元的交通费用。而司机的好处就是获得了稳定客源和固定收入。

任何企业都是追求利益最大化、成本最小化，成功的企业把消耗者变为消费者，让更多人为自己的成本买单，找到更多人创造价值，也让更多人同时获得利益，资源置换，各取所需。好的商业模式往往是多方共赢的。

电子书因其便携、便宜、灵活的特点广受读者欢迎。虽然仍有很多人以购买纸质书籍为主，但是电子书的迅猛发展在很大程度上影响着出版和阅读生态。很多消费者表示在阅读过电子书之后还会去实体店买纸质书籍。反观纸质书的出版过程，从编撰到付印，作者、编辑、校对、封面设计以及市场推广等各部门都花了不少心力，而书在书店的摆放时间却不会很长，这就影响了图书的销路，也浪费了出版商的心血。电子书使得书籍的寿命得以延长，甚至一些绝版的旧书，都可以找到电子版，满足了读者的需求。一本受欢迎的电子书是完全不用担心销量的，例如尼尔·盖曼的书《墓地》（Graveyard），在网上提供免费阅读，广受读者喜爱，成为畅销书。

真正的免费不在于用零价格获得某种商品，而是从商品中获取不需要支付成本的利益。而只有在免费的过程中创造价值，让所有在此过程中的参与者都享受到这份价值，这样的免费才是可行的、盈利的。

## 差异化下的差价

在《征途》诞生之前，国内网游市场是盛大、网易和九城"三足鼎立"局面。《征途》的出现和迅速发展，使它率先成了网游业的领跑者，它的成功离不开免费商业思维，并且迫使其他网游厂商均进入免费模式中来。

在《征途》之前，网络游戏的玩法都是点卡收费，玩家买一张点卡就可以上线玩一段时间，类似时间胶囊，游戏商把时间胶囊放进点卡，当时间耗尽之后点卡也就作废了，所以在当时卖点卡是游戏商唯一的收入来源。史玉柱摒弃了这种盈利模式，玩家玩《征途》没有时间限制，也不需要花一分钱，还有100元的增值服务。而《征途》

的盈利点就是其增值服务，通过提供差异化服务，赚取游戏玩家的钱。一些有钱的玩家会通过买高级装备来武装自己，提升游戏中的战斗值，这就是增值服务之一。现在大大小小的游戏也都在利用这种盈利模式，在游戏里卖虚拟衣服、虚拟道具、虚拟角色等为玩家提供差异化服务。

当下最热的游戏非《英雄联盟》莫属，这款游戏为玩家提供了多种多样的差异化服务。

LOL 是一款竞技型免费游戏，在玩法设计上的用心使它获得"世界上被玩次数最多的游戏"的荣誉。在设计竞技型游戏时要为每一位玩家提供一个公平的竞技环境。对于"花钱买赢"这种策略，在竞技型游戏中是行不通的，这会导致免费玩家的流失。所以在《英雄联盟》中我们可以看到任何重要的玩法物品、增益道具都是可以用免费的点数购买的，只有时区转移、名字变更或装饰性物品需要用真钱购买。

LOL 中有 115 位可玩的英雄，每一个英雄角色都有各自的风格，有独特的背景故事，这都是为了吸引玩家，使玩家更好地融入游戏角色。多样化的英雄角色满足了不同玩家的审美需求，有软萌可爱的，也有性感撩人的；有霸气的，也有幽默的；有英俊的，也有丑陋的。为保证玩家在游戏过程中有好玩有趣的体验，可以说每个英雄角色的性格、技能、操作风格都有自己的特点。这样的设计有利于玩家对英雄角色产生情感联系，促使玩家购买，产生消费。在休闲和竞技模式下有多种多样的英雄匹配方式，玩家可以选择自己认为厉害的角色，并且可以不断地调整，使游戏始终有趣。

《英雄联盟》中提供两种货币，各自发挥着不同的作用，不过最终目的都是促使游戏盈利。第一种是影响力点数（IP），任何玩家在参加比赛后，无论输赢都会获得点数作为奖励，只是赢的人得到的点数更多，输的人也会得到点数，作为一种安慰，尽可能降低玩家的挫败感，这样有利于提高玩家留存率。第二种货币是Riot点数，这是玩家支付真钱转化而来的，玩家可以用Riot点数购买游戏中的增益道具和功能，比如用来购买英雄角色、皮肤或者其他消耗道具，玩家在游戏里用真钱构建一个虚拟世界。

当达到一定级别时，系统会赠送400Riot点数给玩家，让玩家体验一下用 Riot 点数购买道具的感受，这也是一个促使玩家把真钱转化成游戏币进而消费的策略。根本不用担心钱没地方花，LOL 中每个英雄角色都有 2—5 套可以改变外观的不同皮肤，价格不等，为了在游戏中看起来更有特点，玩家会主动装饰自己的英雄角色。LOL 会经常推出新的英雄角色，新英雄角色往往都比旧的要强大，价格也比较高。升级强化英雄角色的技能也需要花钱。还有一些有趣的玩法，比如切换时区等都需要购买道具。刺激玩家消费的方式多种多样，有每周促销、批量购买优惠、累计消费优惠、每周英雄角色试玩，等等。

人们愿意为了节省时间而付费，愿意为了降低风险而付费，愿意为了他们所喜欢的东西而付费，愿意为了获得相应的身份或地位而付出金钱的代价。如果你让他们为这些付费，他们愿意掏出腰包。

在上海的街头，尤其是地铁站，经常可以看到很多人在墙壁的自助终端机前排队的情形，为的是在自助终端机的小格子里选取自己需要的优惠券，然后打印出来。这个自动终端叫作指付通，是立佰趣旗下一款生物识别技术应用产品，它是类似于银行的 POS 机的一种终端设备。

立佰趣是上海街头最常见的自助终端体验站的运营商，免费为消费者提供优惠券以及其他的优惠信息。指付通用户还可在指付通体验站内，将指付通与各种商户短期促销优惠进行关联。用户无须出示任何东西就可以打印优惠券，甚至不用和商户营业员进行任何沟通交涉即可在使用指付通买单时同步享受优惠，使用户免除传统上打印并携带一叠厚厚纸质优惠券并和营业员交涉的麻烦。

立佰趣与银行合作，向顾客提供储值卡，这种储值卡在美容美发、SPA、洗浴、餐饮等行业中都是通用的，消费者的储值额度越高，得到的折扣也就越高。也就是说，消费者如果想要得到较高的折扣，就必须提前在储值卡内存入一大笔钱。但是需要注意的是，如果商店或者企业一旦关门大吉，储值卡上的钱也就随之付诸东流。

当消费者通过立佰趣付账时，银行可以从商户那里获得一份固定的手续费。同时，银行与立佰趣合作后，也可从立佰趣获得更多的折扣信息，将这些信息免费发送给信用卡用户。而立佰趣的获益则是从银行所获得的手续费中，按一定的比例抽取分成。另外，利用利润差价也可以获利。简单来说，指付通预先向这些商家大量购买产品，获得一定折扣，然后再向指付通用户卖出。比如，立佰趣以 6.5 的折扣一次性购买某商超的商品 2000 万，而立佰趣用户购买这些商品可享受 7 折，中间的差价便是立佰趣所得，这就是它的盈利模式。为消费者创造价值，企业自身也获取了回报。

餐饮业一直是热门行业，早在 2008 年，中国餐饮业零售额已达到 1.5 万亿元，而饭统网的创始人臧力在 2003 年就意识到了在线餐饮预订的商机。2003 年，正是"非典"那一年，臧力发现很多人和自己一样遇到了吃饭问题。那时候大家都是打听哪家饭店没有被"非典化"，确认安全之后才敢去吃，而且好不容易找到安全吃饭的地方，还得饿着肚子排队。臧力一咬牙决定出来创业，而在这之前，他对餐饮业的了解甚少。

一边是消费者，一边是餐厅，怎么收钱才能获得更多的人气和餐厅资源成了饭统网首要解决的问题。他们决定先解决餐厅这一端的问题，因为如果没有好的餐厅资源，消费者不会来光顾，更不会有海量的人气。饭统网的团队展开了一次"扫街"的推销行动，但是结果却更让他们头痛：大众眼中暴利的餐饮行业，其实并非钱多得流油。大多数餐厅都是小本经营，钱主要花在房租和装修上，基本没有营销的预算。北京餐馆的净利润率比其他城市更低，平均只有 8% 左右，能投放的钱本来就少，再加上不可预知的市场冲击，老板们在营销上花的钱都是能省则省。向商家收费成了大难题。面临重重困难，饭统网势单力薄，只能用免费合作的方式让商家先尝到甜头，以此打开市场的大门。

攻克张生记，是一个最为典型的例子。"扫街"的业务人员不断上门去找张生记谈合作。对方犹豫很久，终于很勉强地吐出一个"行"字。饭统网决定用实际行动来彻底改变张生记的想法。在接下来的一个月里，饭统网贴电话费、人工费，还在网站上给张生记免费做宣传。在经过一番努力之后对方终于承认这种网上的订餐"有点用"。饭统网趁热打铁，提出能否给通过饭网统预订的客人打个 8.8 折，一个月后对方点头。因为有折扣，所以来自饭统网的订单一下子多了起来，是无折扣时的三四倍。从中秋到元旦，来自饭统网的订单数量持续上涨。饭统网此时提出进一步的要求：下单返点。但是张生记以"财务制度不支持"为由拒绝了。随后饭统网给张生记带来四个几百人的公司尾牙大单，自己不但一分钱不赚，还帮人组织协调。最终张生记的高层决定"特批"一次，交了 2980 元年费，正式成为饭统网会员。

很多人表示疑惑，张生记那么火，每天都有顾客排队吃饭，为什么还要给饭统网的订户留座？而且还要打折？为什么给食客打完折还要再给饭统网返点？这也正是很多商家跟饭统网合作时的疑问。对此，臧力表示："第一，我们确实为你们带来了很多客人；第二，我们如果不降低成本就活不下去，我们倒了对你们也没有好处；第三，一般商务客人的确都知道张生记，但是年轻人怎么知道你们，不用电子化的方式，你们将来如何一直维持这种火爆？"

饭统网用了 13 个月才拿下张生记这个名店第一单。同时臧力也意识到，在消费者这一端，要给足优惠，才能获得更多的人气，收费是行不通的。饭统网给消费者提供的免费服务越来越立体和丰富起来：第一种是预定，第二种是折扣，第三种是提供优惠信息。餐厅消费有其季节性，比如西餐厅到了圣诞节和情人节，就恨不得把所有折扣都取消。为了保持稳定，饭统网尽量跟商家签一年的合同，尽量使食客享受到的折扣在一年里头是稳定的。饭统网提供各种形式的折扣券、优惠券，可以在线打印，也可以下载到手机上，这种优惠券对面包店或者规模较小的饭店来说更加适用。

饭统网的另一种固定的收入来源是向合作商家收取年费。有一家新开张的私房菜馆想做宣传推广，老板也很愿意接受新鲜事物，于是第一笔年费很顺利地就谈成了。当时定年费时没有想太多，只是觉得整数比较好，就定为每月 100 元，一年 1200 元。但即便 1200 元不算多，愿意买单的商家还是少之又少。几个月之后，竞争对手竟然给出了一个月 80 元的价格。面对生意不景气的状况，饭统网也考虑要不要降价。但是算了算账，臧力意识到再降价的话只能等死，撑不到第二年饭统网就得散伙了，于是打定主意赌一把，涨价！从 1200 到 1440 元，再到 1580 元。结果正跟他所担心的一模一样，从涨价那个月起，饭统网就再没收到过一分钱。

在研究过很多的商业思维之后，臧力感觉到这样的单一定价有问题，又把价格改成三档：1980 元、2980 元和 3980 元，分别提供不同档次的服务。涨价足足四个月之后，终于有人买单了。

后来饭统网的收入基本来源于三个板块：订单服务、会员费和广告费。返利谈判进行得依然艰难，有的约定在 3%—5% 之间，有的每桌客人只收 1 块钱，还有一些不交任何费用却不得不提供同样服务的。收费最难的一般是两种店家，一种超有名的店，店家根本不用担心客源的问题，对多一个网络渠道根本不在意；另一种是本微利薄的小店，拿不出来钱。要是有店家出太多的钱，饭统网也很担心，万一这家店的饭菜质量并不好，可是付钱多，该推还是不推呢？推，消费者不乐意；不推，付钱的店家不乐意。臧力觉得要解决这样的问题今后应该尽量做到发布信息全免费，收费的只是广告或返利，这样三方关系才能达到长久的平衡。

饭统网还大力推行"路路通"，把后台编辑权交给店家，这样可以迅速及时地发布店里的最新促销动态，上传图片和资料，而这一切都是自主和免费的。臧力认为不能什么业务都收费，不然生意做不长久。还是那句老话，免费吸引人气，人气带来财富。

　　所谓差异化就是通过市场细分和个性化服务获得差异化竞争的能力。不管是游戏界，还是餐饮界，或者是其他行业，以客户为中心的思想都是企业战略中的一种体现。正因为差异化的服务，免费思维才能脱颖而出。只有具备了差异化竞争的能力，能提供别人不能提供或以较低成本提供产品或服务，免费思维才有可行性。

# 免费西湖景区赚大了

## 一、西湖免费开放背后的商机

自 2002 年开始，杭州实行"西湖免费开放"，迄今已免费开放的公园景点共 130 余处，是中国第一家也是迄今为止唯一一家不收门票的 5A 级景区。西湖的免费模式背后实质上是一个整体的"差价圈"，部分收费景点与大量的免费景点完美结合。免费开发看似不赚钱，也确实因为取消收费而损失了一些经济收入，但是却带来了更大的利润。

2002 年，西湖景区 24 小时开放环湖公园，柳浪闻莺、涌金公园、学士公园、长桥公园等四大公园向市民、游客免费开放，不久，花港观鱼、曲院风荷等景点也取消收费，当年损失了600万元门票收入。此后逐渐取消西湖景区内公园以及博物馆、纪念馆的门票，每年损失四五千万元的门票收入。门票免费给西湖带来了大量的游客，管理投入随着游客的增加而增加。西湖每年的维护成本陡增了七千余万元，这看起来是一笔很不划算的买卖，但是对比杭州每年新增数以亿计的旅游收入而言，维护成本仅仅是九牛一毛。杭州市政府也表示景区免费是趋势，不会再向游客收费，在免费的同时改善管理、优化景区服务。

自从西湖景区大面积免费后，其门票损失远远低于景区综合经济收入。其收入来源主要有四个部分。第一部分是政府投入，每年杭州市政府对西湖景区的投入高达8亿元左右，其中包括3亿元的专项绿化养护费、1亿多元的文物保护资金、2.5亿元的西湖综合保护费用，以及1.5亿元的日常运营费用。第二部分是来自税收，景区每年的税收约为2亿多元。第三部分是部分文化保护类场所的门票收入，约为2亿多元。第四部分是景区内经营所得，包括经营设施的租金收入、自营业态的营业收入等共约 8000 万元。

据统计，从 2002 年到 2007 年，杭州市政府财政资金的年平均收益率，比当时银行的五年期存款利率还高出 4 个百分点以上。2010 年，西湖虽然损失 4000 万元的门票收入，但全年西湖景区实现财政总收入 4.05 亿元，比 2009 年增长 14%，其中，地方财政收入 3.04 亿元，比 2009 年增长 17.8%。杭州"还湖于民"，以每年的门票损失，换回 100 多亿元的回报。虽然旅游收入的增长与我国经济高速发展和近年来物价上涨、通货膨胀等因素有关，但杭州旅游收入的增长远远超过了这些年物价消费上涨的幅度。

"免费西湖"政策的实施，为游客节省了不少门票费用，降低了旅游成本，吸引了大量游客，并且游客数量逐年增加。游客的平均逗留时间延长，促进了杭州在餐饮、住宿、交通、游玩、购物、娱乐等相关服务行业的发展，同时创造了大量的就业岗位和经济效益，促进了城市的整体经济发展。

以西湖景区南线为例，取消门票后，仅沿线的商铺首年拍卖总收入就达到 700 万元。到 2006 年，西湖景区内的商业网点、各类游览车船等旅游服务设施的年租金总收入高达 5500 多万元。这些经营所得不仅弥补了西湖景区因免费景点增加、面积扩大而增加的 2500 多万元养护管理支出，还回补了门票损失。由于西湖免费，景区商业网点的经营价值迅速提升。湖滨国际名品街聚集了 30 余家国际著名顶级品牌专卖店，南山路艺术休闲特色街区与西湖南线景区也形成一条与山水相拥，观光与休闲相融的商业特色街，具有国际水平的餐饮、购物、文化、娱乐的时尚休闲中心西湖天地就在西湖十景之一"柳浪闻莺"的附近。据《杭州统计年鉴》资料显示，仅取消收费短短几年，杭州市的收入就有了翻天覆地的变化。2002 年杭州市社会消费品零售总额为 570.17 亿元，2010 年达到 2146.08 亿元；2002 年的住宿餐饮业收入为 44.53 亿元，2010 年为 228.96 亿元；交通方面，2002 年全年客运量 2.10 亿人次，2010 年上升到 3.38 亿人次。截止到 2010 年末，杭州市星级宾馆和旅行社已经分别达到 236 家和 504 家的规模，比 2002 年增加了 69 家和 289 家。

西湖免费战略的推出不仅为杭州市带来了巨大的经济效益，更是提升了杭州的旅游形象。从 2001 年开始，杭州就致力于城市形象发展，连续十几年实施西湖综保工程，不仅恢复了西湖"一湖双塔三岛三堤"的历史大格局，拆除了影响西湖景观的 60 万平方米的建筑，搬迁了景区内 265 家单位、2791 户居民，还恢复建设了 100 万平方米公共绿地和 0.9 平方公里西湖湖面。除此之外还完成了西湖疏浚工程以及引水工程，恢复、重建、修复了 180 余处人文景点。西湖的优美环境吸引了越来越多的国内外游客。

西湖景区免费举措的实施，提升了杭州市的形象，带动了杭州市大旅游产业的发展，增强了杭州城市的实力和综合竞争力。

二、西湖免费思维运作的成功之处

（一）人气带动财气

免费最显著的特点就是带来人气，在景区免票之前，想喝杯茶都先得买门票。景区免费开放之后，景区周边的商业设施与游客

"零距离"接触，增进了人文感情。大量的游客激活了景区周边餐饮、住宿、交通、娱乐、购物等休闲消费，促进了杭州的经济发展。

（二）独特的地理位置

景区利用免费思维取得如此大的成功，离不开西湖的知名度与其优越的地理位置。杭州"三面云山一面城"，环境优美，而西湖是少数紧邻城区的 5A 级国家景区，交通便利，购物、娱乐等休闲消费也很方便，现代化设施一应俱全。正因为有这样的条件，景区免费开放拉动了周边的整体消费，促进了杭州的现代服务行业。

（三）统一管理无纷争

通常由多个部门共同管理一个景区就容易出现纷争，因为它们之间存在着利益关系，很难凝聚成一股强有力的管理力量，这是影响景区更好发展的主因。而在西湖，整个景区 60 平方公里范围内都由一个管理机构负责。西湖风景名胜区管委会承担着整个西湖景区的保护、利用、规划、建设等职能，而杭州市财政每年还会给西湖景区一定的体制性补贴，免费战略得以更好地实施。

### （四）免费背后另藏商机

西湖综合保护工程通过拍卖、出租或承担景区商业网点经营权等市场化手段，补偿了景区因免费门票损失的收入，理顺了景区管理养护单位与政府、企业、游客的利益关系。配套商业设施成为重要的税收来源。2011年开始，景区的税收就已经超过了门票收入部分，成了景区的主要收入。

### 三、复制杭州西湖免费模式需要具备的条件

(一) 独特的城市环境

这里的城市环境包括景区的整体布局形态和城市的公共环境。首先来说景的布局，西湖免费景区的有利地势与其城市形态有密不可分的关系。城市形态是城市集聚地产生、成长、形式、结构、

功能和发展的综合反映。从城市形态来看，西湖具有非常有利的天然环境，位于市区内，有不同规模的湖泊、人文建筑。从空间关系方面来说，适合免费开放的景区需具备天然的自然景观与历史人文景观，景区与城区融为一体，交通便利，周边设施齐全，具有鲜明的人文性、公共性，这样更容易实现观赏价值，成为当地居民与游客休闲度假的好去处。而决定观光和度假条件的是景区所在城市的旅游基础设施和公共服务能力。如果该景区的周边设施齐全，公共服务条件优，游客可能会愿意多逗留一段时间。景区的口碑是最有成效的营销方式，远远高于任何商业广告。西湖免费景区之所以能够留住更多的过夜游客，在很大程度上源于杭州良好的旅游设施和口碑。景区附近的众多商业街以及娱乐设施都为游客提供了良好的休闲环境。而且杭州市还不断地优化公共服务，比如将公共自行车服务纳入城市公共交通系统，满足了广大市民和游客的出行需求；推行环境"四化"，提高城市管理水平；成立了旅游集散中心；在酒店为来杭境外游客提供母语化电视服务；推进多语种旅游宣传品进入公共场所；完善城市多语标识服务系统，提升境外游客可进入性等。

### （二）免费景区需具备一定的知名度

如果景区没有知名度，即使免费，也不会有人气，这是很现实的一件事情。旅游是"用脚来投票的经济"。旅游地的知名度对旅游者而言极为重要，一个景区的知名度代表其品牌的口碑，口碑不错才会吸引人们的注意。随着旅游业越来越旺，行业内竞争也变得愈发激烈。景区纷纷将核心竞争放在了品牌打造上面。如果免费的旅游景区没有一定的知名度，就难以为景区所在城市吸引到客源，对于提升经济效益更是无从谈起。一个拥有旅游资源的城市通过特色景区来拉动旅游业相关产业，如果免费景区不能吸引海量游客，就意味着旅游业布局的失败。通常，游客对于旅游目的地的选择，既有理性的一面，又有感性的一面，感知环境直接影响着游客的旅游决策行为。免费景区的知名度是游客选择是否前往该地旅游的重要决策依据。景区在进行旅游营销宣传时，要将知名度转换为品牌效应，吸引更多的游客前来旅游消费，创造更多的经济效益。

西湖景区免费模式如此成功，不但基于杭州城市旅游营销的巧妙布局，还在于西湖景区在国内外的知名度。

### （三）免费景区所在城市的政府要大力支持

很多景区都存在着门票价格争议，这也是多年来社会公众广泛关注的问题。因涉及商业价值和政府职权问题，很多时候，关于景区门票的思考在一定程度上都缺乏理性。再者，景区资源独一无二的稀缺性决定了门票涨价的市场可行性，这也是现阶段我国多数景区依赖收取门票维持营运以及门票不断涨价的根本原因。

景区免费意味着运营管理成本的投入会更大，如果景区所在地方的财力有限，就不可能实施免费策略。景区所在地强大的地方财力支持是决定免费开放后的景区日常管理的基础。如果景区不考虑这一条件，盲目免费开放，在免费模式导入与培育的初期乃至相当长的一段时间，将会导致景区所在地政府不堪重负的局面。随着客流的增加，景区设施维护、卫生问题、社会治安问题等都会成为景区管理中的负担。在这个过程中还需要当地旅游管理部门具备较强的综合协调能力，因为旅游业涉及的行业和部门机构繁多，如何平衡协调旅游行业和其他部门之间的关系，在很大程度有赖于地方政府的旅游管理部门。

（四）免费景区要距离休闲度假客源地较近，可进入性较好

除需要具备良好的人文地理环境外，度假休闲旅游区应该距离经济发达、流动人口多的大城市和特大城市比较近，因为这种休闲景区的重游率高，就要求路途时间成本更低，这样才会有足够多的客源，保证景区的留客率。西湖免费景区的成功与其所处的地理位置有很大的干系，它地处长江三角洲，客源丰富，又位于杭州市区，交通方便，有较强的可入性。如果把免费景区比作一个平台，那它必须让消费者进得来、出得去，在平台玩得开心。从另一个角度来看，交通便利也是影响游客选择旅游目的地的决定性因素。

（五）免费景区要有较强的市场运作能力

景点门票免费意味着资金收入损失，此时景区管理部门需要开辟另一条资金收入来源以弥补这部分损失，这就要求景区管理部门具备较强的市场运作能力。西湖的做法是通过拍卖、出租或承包景区商业网点经营权的方式弥补资金损失。景区免费，游客增加，景区周边经营网点的价值自然抬高，商家也争着抢着去人流量大的街区。西湖景区的这一举措不仅使杭州旅游产业新增经济效益上百亿元，还带动了杭州的就业。

（六）免费景区需要城市内部和谐一致

景区免费必须在城市整体规划和谐的情况下实施，否则会出现布局不平衡的局面。在景区免费政策出台前，旅游业管理部门应出台相应的管理条例和具体规划方案。

2001年，杭州市政府批准实施的《杭州市城市总体规划（2001—2020年）》中提出：城市东扩，旅游西进，沿江开发，跨江发展的城市空间发展战略，形成"东动、西静、南新、北秀、中兴"的新格局。自此杭州开始一步步地布局，建设西湖综合保护工程、改善杭州交通情况、建设景区道路、扩容旅游资源等。这些举措为日后的旅游发展奠定了坚实的基础，逐渐形成了一个完整的局面。各方面准备充分后，才逐步实施西湖绕湖公园免票的举措。

除了景区硬件设施完善，还需要当地居民内部和谐，与景区成立统一战线，一直向前发展。所以景区对游客和当地居民的态度也会影响到自身的发展，景区应与当地居民建立和谐共进的关系，让当地居民成为景区的宣传员。

杭州当地居民是西湖免费景区的常客，在旅游旺季，杭州市实施了一系列措施调节当地居民与外来游客的客流，得到了杭州市民的充分理解和支持。

第四章

平台思维

## 一个有生命的载体可以创造更大的价值

越来越多的信息技术、越来越新奇的互联网故事出现在我们的认知范围中，不断刷新着我们对事物的认知，改变着我们的生活方式和思维习惯。当今的人即便身在热闹的人群中也可以很孤独，孤身一人时也可以很热闹，因为我们身处在网络世界中，随时随地都可以连接世界，畅玩其中。一个品牌或者产品，想要让人知道易如反掌，但是如何得到消费者的青睐？平台思维无疑是企业在发展过程中必不可少的战略思维。格力的董明珠说："我就是为那些想做事业的有理想有追求的人，创造一个好的平台和环境，用优秀的平台来吸引人。"的确，好的事业平台可以吸引优秀的人才，而好的产品平台亦是如此。

平台是什么？它是一个载体，一种环境，一个生态系统，等等。它可以让各个部门资源共享，实现目标的资源整合，充分利用其他资源，实现共赢。比如百度，它为消费者提供搜索平台，通过搜索，消费者可以到达视频平台、购物平台、交流平台等，最重要的是百度是一个开放性的知识共享平台，让外部资源自动参与进来，从而形成一个生态系统。再比如"滴滴打车"，它每天为上亿用户提供用车服务，通过一个免费的平台，用户可以和闲车之间建立联系，实现资源的供给。这些都是通过整合资源创建平台而实现，当受到客观因素限制，不具备构建生态型平台的条件时，也要思考如何利用现有平台资源，为客户创造最大价值。当然，平台思维并不是说为客户、为用户搭个台就行了，它必须具备开放、创新、互利、共生等核心价值观，让这个平台有生命和灵性。那么平台应该如何搭建、如何运营，怎么样给它注入灵魂，怎么样构建一个成功的生态系统，还需要一定的智慧和能力。

荣昌洗衣公司是有 26 年经验的连锁品牌，曾在中国有近千家线下实体门店。但是因为近几年营收持续走低，荣昌董事长张荣耀也在思考向网店转型。2013 年他和来自互联网行业的陆文勇共同创办 e 袋洗公司，建立一个洗衣公司与用户沟通的互联网平台，对用户提供上门收取衣物的服务，这样做也解决了上班族不方便送衣服、去洗衣店停车难等问题。

2014 年是 e 袋洗探索市场和发展业务重要的一年，O2O 洗衣在国内是一个全新的概念，如何获得第一批用户、如何为用户提供最大的价值、如何把传统洗衣与互联网 O2O 模式结合起来、如何更好地将传统的荣昌洗衣和 e 袋洗相结合等问题，都是 e 袋洗需要解决的。解决这些问题是业务拓展的前提条件。e 袋洗在各个社区、庙会等人流量多的地方进行地推，收获了第一批用户群体。在社区内招募 18 岁到 60 岁的居民作为"小 e 管家"，负责各自社区居民的衣服取送工作，基于社区形成了"物流服务众包"。由于"小 e 管家"来自社区，甚至就是用户的邻居，给用户提供了很多便捷。e 袋洗招募的"小 e 管家"包含了大量的 40 岁、50 岁、60 岁社区人群。40—60 岁"小 e 管家"的引入，帮助解决了众多社区的属地化就业难题，缓解了老龄化的社会问题。

2015 年同行业的竞争对手也越来越多了，e 袋洗不得不快速拓展市场。张荣耀和陆文勇拿出了 5 亿元人民币对用户补贴，比如买洗衣卡送小礼品等。用免费去吸引顾客，花资源去抢占市场。

2015 年 4 月，上线一年半的 e 袋洗日均订单突破 10 万单，相当于 1000—2000 家洗衣店的订单总和。到了 2016 年，还推出了 48 小时、24 小时，甚至 12 小时、6 小时内送达的 e 袋洗急速达产品。e 袋洗的估值早已超越之前的荣昌。陆文勇认为，e 袋洗最大的价值是能够制定一个真正的洗衣 O2O 的行业标准，许多后来者都是模仿 e 袋洗的方式去开拓市场。

像荣昌洗衣这样的传统行业与移动互联网 O2O 结合，转型做平台创造新价值的企业还有不少。客多传媒也是将线上传媒与线下实体店相结合，开发出一款客多宝软件，将不同行业互相不具有竞争力的店铺整合起来。在店铺中设置液晶屏展示窗口，商盟里店铺的打折等促销信息会在屏幕上滚动显示。比如说一名消费者在某家餐厅吃饭，看见液晶屏上显示的信息可以知道离他不远的理发店或者别的商店的优惠信息。在推广的初期，由客多传媒主导，一个店铺可以和 10 多家店铺结盟。当联盟结成后，店铺所要做的就是制定即将推出的优惠政策，然后把此信息投放在周边店铺的液晶屏上，这样做的好处是避免了传统的单店营销模式的缺点。郑志祥认为对于某个区域来说，那些住得太远的消费者对店铺来说没有太大的意义，所以把目标锁定在店铺周边的消费者。店铺的受众有 80% 肯定是生活在周边，如果店铺把目标受众的范围设定得太远，消费者可能会因为价格优惠从城市的另一头跑过来体验，但是很难形成消费习惯；如果服务好周边的消费者，使他们成为回头客，对店铺来说更为可行。

客多传媒在运营过程中遇到的问题是如何在店铺中进行推广。在最初没有成功案例的情况下，客户也不想拿自己的店铺"以身试法"。客多传媒在商圈中选出了 100 家店铺，分成 10 个群，先投入 100 个液晶屏，让店铺免费体验 3 个月。只有免费能吸引人气，能使客户愿意尝试新方法。人都有从众心理，店铺也是一样，看到别的店铺有效果，自己也会主动去尝试。

　　客多传媒以收年费为主，小店铺 6980 元一年，有几个店是

9980 元一年；连锁店总店每年需交纳 16800 元，每一个分店再加收

6980 元。如果店铺需要客多传媒替它做推广，则需向客多传媒支付

交易额的 10%，这一点类似团购。不过郑志祥认为，不同之处在于

团购不能保护商家的利益，消费者的信息数据也只是积淀在团购网

站自身的平台上。而客多传媒的这种方式，消费者的信息数据是属

于店铺的。若商家利益受损，模式本身就难以为继。归根结底，客

多传媒是在寻求为店铺做更精准、低成本的营销，而且店铺可以自

主选择是否添加为盟友。

　　很多传统企业都找到了自身的行业痛点，对此进行改进从而转

型成功，运用平台思维将资源合理转换，实现资源的合理配置，提

供最大的价值给消费者。

　　在德国，任何个人和企业都有权经营公共厕所。因为德国的公

共事业走的是市场化的路子，通过承包给一些企业来运作，如城市

的公共交通、城市环保等都是由私人公司经营的。

　　政府也会对一些项目进行投资参股。对于经营公共事业的企业，

政府会在管理政策上一路"开绿灯"，特别是对公厕的经营。因为政府认为，公厕事业实现市场化，不仅可以弥补政府资金的不足，加快城市建设速度，方便百姓，还可以促进公厕在节能、节水、环保等技术上的创新，同时带动企业将新技术、新发明应用到实际生活中，使科技迅速转化为生产力，这是个"多赢"策略。

德国政府规定，城市繁华地段每隔 500 米应有一座公厕；一般道路每隔 1000 米应建一座公厕；其他地区每平方公里要有 2 到 3 座公厕；整座城市的公厕率应为每 500 到 1000 人一座。

经营厕所能挣钱吗？肯定很难，厕所在一个城市的分布是那么分散，修建和运营一个厕所的成本并不低，而上厕所的价格又很难涨价，加之如果遇到个内急的人没带钱或没有零钱，你说你该怎么办？

而被称为"茅厕大王"的汉斯·瓦尔在 1990 年的柏林市公共厕所经营权拍卖会上跟政府说："你把这个厕所包给我，我敢接，并且免费。"当时按照每人每次上厕所收费 0.5 欧元的价格计算，一年光柏林一个城市就得赔 100 万欧元。于是在缺少竞争、承诺免费建厕、只需交纳低廉的管理费的情况下，瓦尔公司一举拿下全柏林的公厕经营权。

既然是企业，肯定是以赚钱为第一目标，瓦尔公司的赢利点显然不在厕所门口 0.5 欧元的投币口上。

瓦尔公司最大的收入来源是广告。瓦尔公司向市政府免费提供公厕设施，而且连这些设施的维护和清洁工作也全盘包揽，作为回报，瓦尔公司则获得了这些厕所外墙广告的经营权。柏林的很多厕所外墙变成了广告墙，瓦尔公司的墙体费用比一般广告公司低得多，香奈尔、苹果、诺基亚这些高大上的公司都在这些厕所外墙上做过广告，样子还很好看。

来到柏林的各国游客几乎都会使用一下瓦尔公司的厕所。

瓦尔公司可谓把厕所这点儿生意研究得炉火纯青。瓦尔公司不单将厕所外墙视为广告平台，还将内部的摆设和墙体也作为广告载体。考虑到德国人上厕所时有阅读的习惯，瓦尔公司甚至把文学作品与广告印在手纸上。

由于瓦尔公司的公共厕所大多建在机场、火车站、旅游景点和商业街等繁华地段，因此其广告效应相当不错，广告收入是瓦尔公司最大的赢利点，在柏林、法兰克福等 5 个城市，瓦尔公司就获得超过几千万欧元的广告收入。

此外，瓦尔公司在其厕所内安置了公用电话，可以向通信运营商获取一定的收入提成。国际运通卡组织也是公司的合作对象，持卡者可以刷卡交厕费，这样瓦尔公司又有一笔收入。现在公司还跟很多商场周边的餐饮合作，你上厕所后还能获赠用餐券，餐厅会返利给公司。

当然，瓦尔公司也提供付费厕所。公司修建一些高档厕所提供诸如个人护理、婴儿尿布、擦拭皮鞋、后背按摩、听音乐、阅读文学作品等服务。虽然数量不如免费厕所那样多，还是满足了部分人的特殊需要，提高了瓦尔公司的声誉。

瓦尔公司自己成立清洁团队，派出管理车巡查，管理员每天要对当地所有的公共厕所进行 3 次检查。在柏林，公司的 20 辆公厕管理车 24 小时巡视，无论城市哪个角落的公厕出了问题，都能得到及时处理。据说，便池里的水都能直接舀起来喝的！由于几乎所有的厕所都安装自动清洁装置，实际上清洁工的人数并不多。依靠一系列的精打细算，瓦尔公司很快就获得了成功。

瓦尔公司居然靠这种广告收入为主的商业模式一年就能赢利几千万。该公司在2003年战胜宝马和奔驰公司，当选德国最具创意企业。

公司专门请来意大利、日本的著名设计师，按照不同的风格和外形设计出"智慧型"、"挑战型"等不同的厕所产品。

1988年，瓦尔公司在荷兰阿姆斯特丹设立分部；20世纪90年代，瓦尔公司进军美国，在纽约市政厅前盖起了残疾人专用厕所；90年代后期，在莫斯科和伊斯坦布尔街头也出现了瓦尔公司的产品；之后瓦尔公司还向巴黎、伦敦和罗马免费赠送1000个男用小便屋，从而将广告覆盖面扩展到了欧洲大都市的上千万居民及游客。里面是免费的厕所，外面是赚钱的广告，这就是"厕所大王"瓦尔的生意经。

2009年瓦尔公司被全球排名第一的国际性户外媒体公司德高集团 (JCDecaux Group) 收购后业务发展更加迅猛，目前已经在德国60多个城市开展了业务，还将业务拓展到了土耳其。

为什么当下平台思维火得一塌糊涂？平台实质上就是商家和用户、商家和商家、用户和用户之间的沟通渠道。

　　让我们简单分析一下聚美优品成功的案例。假设如果没有聚美优品这个平台，有四个顾客和五个品牌商，四个顾客在线下实体店购买商品，每一个人要到五个品牌商那里寻找商品，那么就会存在五次潜在交易或者是直接交易，四个人就是二十次交易，我们假设每次的交易成本为十元钱，总计会产生二百元交易成本。有了聚美优品这个平台，品牌商都把产品卖给聚美优品，四个顾客通过聚美优品这个平台购买商品，那么在聚美优品这个平台上总共会产生九次交易。与之前的二十次交易相比少了十一次，因为每次的交易成本为十元钱，有了这个平台就节省了十一个这样的"十元"。聚美优品有上千万顾客，合作品牌商 3000 个，按照刚才的算法来算，可想而知利用这个平台节省的交易成本有多高，其产生的价值不可估量。而平台创造的价值有一部分归于聚美优品，一部分返回给品牌商，另一部分则用来实惠消费者，消费者的支付价格降低了。多方共赢正是平台的价值所在。

# 免费电子邮箱的发展历程

随着全球信息化的发展，电子邮件作为一种快捷有效的通信工具必然会成为商界的抢手卖点，由免费到收费，再从收费到免费，电子邮件也经历了由通信工具到平台的探索。

1998 年，丁磊和陈磊华开发了 Coremail，这是第一个由中国人自己开发的邮件系统。很快，丁磊把这套系统放在当时著名的免费电子邮局——163.net 上面，供网民免费使用，半年时间就拥有了 40 万用户。163.net 是中国第一个电子邮局，当时属于丁磊创办并兼任首席执行官的公司——网易公司。虽然 163 电子邮局现在已经不存在了，但是这个产品为丁磊创造了原始积累，为网易日后的发展壮大以及在电子邮箱领域至今长达二十年的绝对影响力奠定了基础。

免费邮件的诞生，让很多服务商发现了其中的商业潜质，并看好它的发展前景，开始纷纷提供免费电子邮件服务。由于电子邮件的时效性和便捷的特点，引来很多网民注册，用户数量飞速增长。各个门户网站如网易、新浪、搜狐等都开始提供电子邮件服务，一时间电子邮件成为门户网站的争斗焦点。

俗话说"物以稀为贵"，当电子邮件遍布天下的时候，这项免费服务对消费者的吸引力也逐渐减弱。此时各大门户网站一定不会坐视不管，开始思考如何赢利。网易和新浪率先做出决定，尝试让电子邮箱服务部分收费，将电子邮箱转变为企业一部分利润增长点。

新浪作为中国第一门户网站于 2001 年 8 月正式发布推出收费邮箱，在这之前，新浪免费邮箱拥有两千多万用户。收费邮箱推出之后，新浪将当时号称最大的 50M 容量免费邮箱降到 5M，用户要想享用大容量的电子邮箱，就必须支付费用。业界对此褒贬不一，用户的抗议声也喊得很高。

随后，263 隔年也宣布不再推行免费邮箱，全面服务于收费邮箱。

结果在短短的两个月之内，用户数量由原来的2000多万锐减至59万。电子邮箱到底该不该收费？这引发了业界的讨论热潮。

网易也推出了收费邮箱，不同的是这种收费邮箱的容量更大，为200M，并继续提供25M的免费邮箱服务。看着前两个收费邮箱的残局，网易不断地从中吸取经验教训，探索着既能为用户提供最大价值又能为企业增加收益的商业模式。2004年，网易邮箱的发展进入了新的阶段。网易126免费邮箱和163免费邮箱升级扩容到了1000M，宣告进入了G时代，随后又升级到1.5G，也就是1500M，令其他企业望尘莫及。短短几年时间，各企业的"邮箱大战"打得火热，而邮箱用户掀起了一股大规模的免费邮箱更换风。绝大多数用户不想为邮箱付费，免费邮箱在哪儿，用户就会去哪儿，网易以最大容量的免费邮箱赢得了市场，赢得了用户流量。此时各大企业也更清晰地看到了免费的力量。

2005年，网易以用户数量最多的绝对优势在邮箱行业一马当先，但是很快它就遇到了对手。2005年3月，腾讯为了弥补其邮箱短板，决定收购Foxmail，当时腾讯QQ已经拥有过亿用户，后来推出了

QQ 邮箱服务，用户的邮箱账号就是自己的 QQ 号，所以腾讯一举成为拥有上亿用户的邮箱大户。

行业竞争从未间断过，随着雅虎在 2006 年推出 3.5G 带 20M 附件的邮箱，网易邮箱再次升级扩容至 3G 带 20M 附件。两大巨头在不到一个月的时间内相继扩容邮箱容量，加大附件的加载量，这使电子邮箱的标准越来越高，推动了电子邮箱市场的前进与发展。2007 年 9 月，网易宣布对旗下全部邮件系统进行大规模升级，推出无限容量的免费邮箱，引发行业震动。

随着腾讯的不断壮大，技术力量逐渐增强，QQ 邮箱的性能也日渐完善，QQ 免费邮箱在 2007 年底扩容至 2G。除此以外，还新增了为用户精心设计的记事本功能，更是通过文件中转站将附件容量率先提升至惊人的 1G。此时 QQ 邮箱也成为国内市场上唯一能与网易邮箱竞争的产品。

2008 年 7 月，网易推出邮箱新版本极速 3.0，"一箱多能"的网易邮箱向平台化进军。当时坐拥 2.5 亿用户的网易邮箱，集合生活百宝箱、音乐盒、理财易等多个信息服务，"一箱多能"，成为全方位网络信息平台。而雅虎不甘其后，也推出了无限容量的免费邮箱。

至此，电子邮箱市场呈三足鼎立之势：网易拥有 163、126、188、Yeah 等多个邮箱子品牌，成为邮箱行业分品牌运作的先行者及免费邮箱的第一名，市场占有率不断攀升。截至 2008 年年底，网易在免费邮箱和收费邮箱市场两个领域内的综合表现均是遥遥领先。雅虎紧跟网易之后，联合阿里巴巴及各网游商，高调宣称要超越网易；腾讯携近 3 亿 QQ 用户以 IM 绑定的方式稳居其细分领域以及总用户量的第一名。

2008 年底，电子邮箱行业又出现了一位别具一格的新秀——中国移动 139.com，它率先向广东移动用户开放邮箱公测。2009 年 5 月，139 邮箱正式上线。有两种模式可供用户选择，一种是无限量的免费邮箱；另一种是带"邮箱伴侣"的免费无限量邮箱，"邮箱伴侣"的月费是每个月 6 元钱。用户的手机号就是电子邮箱账户，此邮箱的默认用户名就是该用户的手机号码，邮件地址后缀为 @139.com。如果用户不喜欢自己的默认用户名，可以更改为字母形式，后缀不变。移动邮箱不仅具备常规互联网邮件的功能，用户还可以通过手机短信、彩信或手机 WAP 上网方式，随时随地获取邮件信息，对邮件进行操作，实现真正的畅快沟通。

与传统互联网邮箱相比，广东移动推出的移动邮箱还具有以下功能特点：用户可免费使用无限量空间；每月免费发送短信 30 条，彩信 20 条；免费获得邮件到达短信、彩信通知。附送 1G 邮箱网盘，收发 50M 附件；超强杀毒，垃圾邮件过滤功能；双密码验证，确保账号安全。手机号就是邮箱号，方便好记；可随时在手机上收发邮件；手机登录 wapmail.139.com，可直接阅读邮件附件。

在此期间，美国的 Gmail 在短短三年内上升到全美第四大邮件运营商的地位，并且以独特的邀请开通方式进入中国，在中国的用户数量也保持着高速增长，发展速度不容小觑，成了国内电子邮件行业的又一竞争对手。

个人收费邮箱由于免费邮箱的冲击，市场份额相当的小。而免费邮箱的收入来源主要是广告。

个人电子邮箱市场的争夺战过后，运营商又把目光投向了企业版邮箱。很多企业重视企业邮箱，将它作为形象展示和商务沟通的工具。相比个人版，显然企业版的市场价值更大。各运营商纷纷推出了自己的企业邮箱服务，并且不断地改进、优化。

随着互联网信息新技术的不断推出，市场上相继涌现出各种功能创新和服务相结合的电子邮箱产品。比如微软睿邮，除了具有电子邮箱本身的功能以外，还具有移动办公功能，同事之间可以共享工作进度；还有全球畅游功能，用户不管在哪个国家哪个地区，都不用担心邮件收发问题。

## 小米是怎样"越烧越旺"的

众所周知,小米的口号是"小米,为发烧而生",吸引了一大批"发烧友"。小米手机在短短几年内便成为炙手可热的国产手机品牌,而在创业之初,雷军是不指望小米能在三五年之内赢利的,因为他打的是"免费"牌。

小米科技于 2010 年 4 月成立,是首家运用互联网思维打造手机的公司。在此之前,雷军就已经从事从事互联网行业十年。1999 年,雷军创办卓越网,从接触互联网开始,他就一直在思考这个领域的市场规律。他发现世界上的顶级企业都是以一开始不赚钱起家的,于是遵循着"互联网免费法则",开始构建小米科技的生态系统。

　　雷军找到曾经合作过的启明创投，说明了融资需求。启明创投经过三个月的调研和考虑，才下定了投资的决心。雷军对所有的投资人坦言，小米科技在三五年内不打算赢利，请投资人慎重投资。他为什么这么做？在互联网时代的背景下，运用免费思维而成功的企业在刚开始的几年都是不赚钱的，而是用"免费"吸引人气，比如奇虎360、腾讯QQ、谷歌、阿里巴巴等千亿级别的企业都如此。360并不是杀毒软件的首创者，但是它成了全国乃至全世界最大的杀毒软件企业；腾讯也不是第一个开发社交软件的公司，但却成了中国最赚钱的互联网公司；谷歌也不是搜索行业的先驱，但它已经被公认为全世界最大的搜索引擎。它们都是利用免费来吸引用户、争取用户，因为只要有持续不断的用户流，就会产生源源不断的现金流。用户就是流量，流量通过入口变现。没有哪家公司是不想赢利的，而雷军正是要打造一个平台入口，吸引流量，并让它变现。

　　现在手机几乎已经是人手一部，而且随着互联网的不断普及，人们通过手机差不多可以获得所有的信息以及各种服务，手机的市

场空间可想而知。雷军之所以打出三五年不赢利的牌，就是想占据

这样一个入口，只要有海量消费群体，以后通过终端向消费者销售

服务和内容就可以获利。经过一系列的讨论，雷军团队最终确定了

小米手机的战略，定位中档机市场，手机的基本配置向高端机靠拢，

而价格定在千元左右，接近成本价售出。小米手机始终都没想过用

硬件赚钱，其内置的 MIUI 系统也是免费的，这成了小米手机的竞

争优势，很快便在市场上有了明显效果。小米手机刚卖一周，在网

上的搜索热度就达到了当时 iPhone4S 热度的三分之二，在中国市场

手机品牌位列第九位，在国产手机品牌中排到了第一位。高性价比

使小米手机在半年内卖出了 180 万部，实现了微利。后来小米又和

联通、电信合作，用户预付一定的话费就可以免费拿到小米手机，

从而开发了另外一种免费模式。就在小米手机发售不久，很多家维

修企业都托关系来找雷军，申请维修服务。雷军这才知道，原来售

后服务也是很赚钱的生意，但他委婉地回绝了这些企业。"互联网

创业，免费才是王道。维修如果赚一分钱，就是我们的错误，要抱

着这样的决心。今年我们的最大动作是售后服务总动员，一定要把售后解决好。"传统上电子产品总是一次性销售，将产品卖给用户之后，唯有当产品出现问题，才在返修的时候接触一下用户。而小米完全是反其道而行之，卖出产品，只是第一步，随之是通过产品建立一个连接用户的通道，通过后续源源不断的内容和服务，来吸引用户，然后挖掘出新的收费赢利点，这就是互联网人天天挂在嘴上的"黏性"。体验经济源于服务经济，只有持续不断地提供新的服务和内容，才能持续提供新的体验，而这种持续的黏性，最终会引导用户为高级内容付费，而且一旦产生一次付费，就会产生连续的效应，从而形成一条源源不断的现金流。

小米手机的用户各个年龄层的人都有，大多数是18—35岁的年轻人，学生和有经济能力的白领居多。在锁定用户群体之后，根据用户在互联网上的行为，发现这些人一般都喜欢在论坛上谈论问题，所以小米建立了自己的交流平台，吸引用户讨论。小米根据铁杆用户的需求设计相关产品，并进行小规模产品内测。这就相当于直接从市场需求角度设计产品，并进行预售，但是这种预售不会产生不利影响，因为内测人员正是提出需求的铁杆用户。在使用内测机的过程中，用户会把意见反馈给小米的客服，客服再把意见反馈给设计部门，用户的意见可以直接影响产品的设计和性能，让产品快速完善。据小米公司的总裁黎万强透露，小米手机三分之一的改进意见来自用户。

内测机的数量有限，相当于限量版产品，得到这批内测机的用户不免会在微博、微信等社交软件上分享自己的喜悦，而每一次分享都相当于一次免费的产品广告，为小米手机积聚人气。

小米手机的营销方式也别具一格，比如在预售阶段，小米会办产品发布会，这也是预售阶段最重要的一环。在盛大的发布会上，除了有成百上千名"米粉"参与，小米还会邀请众多媒体记者进行报道。雷军会亲自上台讲解产品，并邀请高通等配件厂商和合作伙伴助阵。这样做的目的很明显，就是通过媒体的力量，把产品信息传播出去，在互联网上形成一个话题或焦点。随着小米产品的热点被逐渐炒起来之后，就会进行新产品的社会化营销。小米一般都会选择当下最受用户欢迎的平台进行手机传播和推广活动，比如日活跃用户一亿多的新浪微博，小米曾在新浪微博进行大规模的抽奖活动。而在微信最火的时候，小米选择微信作为发布平台。在推出红米手机的时候，小米还选择 QQ 空间作为合作平台进行产品发布，因为 QQ 空间在三四线城市有着广大的用户人群，跟红米的用户重合度很高。在社会化营销中，小米会采取"稀缺策略"，就是让人觉得产品稀缺，想买就尽早下手，所以就有了"闪购"、"F 码"、"秒杀"等方式。其实产品供应量是很充足的，但是为了激发消费者的购买欲望，这种制造出来的稀缺感，是一种很高明的营销方式。同时在线下，小米按照传统的方式正常铺货，销售渠道只增不减。

按照传统的销售模式，产品在售出去之后就意味着营销结束了，企业只需要在每一款产品上获得利润就可以了，传统的营销方式是尽量控制成本或者以量取胜。但是在互联网思维中，这样的方式绝对行不通，小米在售出了大量的手机产品以后，营销远远没有结束，而是刚刚开始，这时候需要用一个体系，把售出的这些产品背后的用户变成一个社群。这也就是小米模式跟传统模式不同的地方。小米是打着硬件免费、服务收费的战鼓来打拼市场，硬件可以不赚钱，但是通过硬件把背后的用户汇聚起来，通过提供后续服务和衍生产品获得利润。小米手机用户可以在小米网店里下载各种喜欢的软件。手机成了一个连接商家和用户的平台。MIUI 系统相当于一个米粉论坛，通过这个系统，把成千上万的小米手机用户连接在一起，你可以知道其他用户在讨论什么问题，在做些什么，这是一个大规模的社交群体。投资机构对小米公司估值这么高，正是看到这个社群背后的商业价值。

MIUI 系统具有很强的扩展性，这也是它最大的优势。正是由于它强大的扩展性，使 MIUI 用户社群快速增长起来。对于个体用户而言，这种扩展可表现为软件系统的升级和更新、服务内容的扩展和个性化需求的满足。而随着用户的增多，其个性化需求也会增加，商家就会创造出更多丰富的内容。这样往复循环，就会创造更大的价值。基于软件扩展思维和米粉社群，小米在手机产业外围同样也可以进行扩展，比如，小米除了做手机以外，还做小米电视、小米路由器等产品，甚至会进入游戏领域和娱乐业。对于小米而言，基于互联网思维的每一个扩展，就好比是开启一个新的流量接口，都可能变成商业收入新的来源。

# 首先要获得流量

近年来，大数据成为商界讨论的热点话题，对企业来说，用户的喜好和行为习惯具有研究价值，准确地知道用户的喜好，可以帮助企业在铺市场的时候少走弯路。

Soodao 是一款能够为网站分析用户偏好的程序，是 BMG 百澄传媒机构的产品。这个公司的核心团队有三个人：陈百川、谷澄宇和史实，有着多年从事经营网站经历的陈百川任首席执行官。谷澄宇和史实在此前做过百度搜索技术。他们对 Soodao 很有信心，使用 Soodao 程序可以避免搜索引擎在进行关键词检索时带来的误差，进一步提高了精准度。

　　在浏览网站时，会弹出各种各样的广告，我们都习以为常了。广告主在网站投放广告时最关心的问题就是该网站的受众人群是什么样的？其实网站也关心这个问题，但是却很难回答，因为网站自身也不知道访问者是不是自己设定的那类目标群体。Soodao 的诞生就解决了广告主和网站的疑问。将 Soodao 程序编入网站的源代码中，通过对访问者的浏览记录实时监测，可以准确地知道用户的偏好和互联网行为习惯，比如用户浏览过哪些文章，对哪类产品最感兴趣，用户浏览的网页越多，产生的数据也就越多。数据进入 AI 专家系统进行比对分析，从而得出各类概率，判断用户的基本属性。系统会通过数据分析得知用户的性别、年龄、职业、消费能力、近期消费需求等。我想，在淘宝网上购物的人都深刻体会到了这一点，比如你近期在淘宝网上看了多款鞋子，当你再次打开网页的时候，页面上就会显示一些鞋子图片。

　　Soodao 有三项核心技术：智能语义分析系统、用户行为追踪系统和 AI 专家系统，由此产生了三个系统：媒体监测系统、广告投放系统、广告监测系统。依次使用这三个系统，首先可以对网站用户做偏向监测，基于监测数据可以改变在网站上投放广告的策略，最后还会对投放广告的效用做进一步的监测，及时调整更正，保证向浏览网站的用户推送的广告能与他正在阅读文章的中心思想和个人兴趣最为匹配。

大数据的价值在于它可以为企业创造流量入口。Soodao 技术为网站和广告主解决了很多困难，通过对用户喜好的准确定位，可以使广告精准地投放于目标受众群体之中，实现利益最大化。不论是为网站监测访问用户的基本属性，还是为广告主提供广告咨询服务，Soodao 的数据价值都是看得见的，为此完全可以收取一笔高额的费用，但是 Soodao 技术团队却决心免费帮网站提供监测报告。通过 Soodao 技术获取收入的途径有两种，第一条是为广告主做广告投放和广告监测，从中获利；第二种来自网站的广告增值服务的分成。在使用 Soodao 技术一年内 BMG 就实现了赢利，并且有不少国内外知名投资公司看好它的发展，纷纷向其团队伸出了橄榄枝。

BMG认识到，要想保证自己的系统对用户的属性判断足够准确，必须有足够强大的用户数据，只有在更多网站上应用 Soodao，监测众多的用户流量，整个访客净化系统对用户的属性判断才会更准确。除了为网站提供服务，BGM 还为广告主提供数据参考，而这一切都需要海量的用户数据作支撑，只有获得流量，才有生意可做，而且是多方受益的大买卖。任何免费都是为了更好地收费。媒体监测系统免费提供给网站使用，并且为网站提供媒体商业价值报告，这只是 Soodao 业务的基础，是 BGM 赢利的开始。

有了海量的网站数据，BGM 就可以和广告主展开合作了。很快就有一家 4A 公司愿意尝试合作，这次尝试让广告主很是惊喜，广告检测系统的实时监测数据显示，通过 BMG 广告投放系统投放的广告，流量转化率 ( 广告点击量在总流量中所占比例 ) 达 1.3%—1.5%，而广告到达率 ( 广告精准地推送到相应用户的比例 ) 更是能达到80% 左右，普通网站的流量转化率仅仅能达到千分之几。有了广告主的支持，BGM 与网站的合作也顺利起来。有网站主动上门寻求合作，有的网站在尝到免费媒体商业价值报告的甜头后，对 BGM 产生了极大的依赖，更希望使用广告投放系统，来提高广告精准度。考虑到不同网站的需求不同、情况不一，BGM 另推出了三种合作方式可供选择：技术租用、合作营销和广告代理，而且可以根据网站的情况变化随时调整合作策略。

BGM 的收入来源分为两部分，第一部分便是广告检测系统，因为其广告投放的精准性，免去了很多广告主对效果的担忧，有相当多的广告主愿意付费使用此项服务，这一部分占总收入的 40%。剩下的 60%，来自合作网站的广告增值服务收益分成。BGM 为网站创造的价值是非常可观的，很多曾经无法拿到广告订单的网站依靠媒体监测系统获得了广告订单，并开始产生广告收入。BGM 从中收取利润是理所当然的。

# 平台：流量的入口

我们常说一句话，"互联网让世界变小了，拉近了人与人之间的距离"。但我认为，在互联网时代，是平台让人与人之间的距离拉近了。有商品的人在平台上面展示自己的商品，有需求的消费者在平台上得到自己需要的商品。

"流量"在当下可谓是热词，它是指用户访问量、阅读量。"流量入口"很好理解，通俗点来讲，通过 A 去访问 B，那么 A 就是 B 的"入口"。比如京东和今日头条合作之后，用户从今日头条页面点进京东商城，那么今日头条就是京东的"流量入口"。搜索引擎、网址导航、门户网站、社交网站等都可作为流量入口。

众所周知，脸书是大家都喜爱的一个社交平台，而它最初只是一款供大学生使用的交友软件。脸书的成功使它的创始人扎克伯格位列福布斯富豪榜前十位，成为史上最年轻的自行创业的亿万富豪。脸书是如何发展成为让商家备受青睐的流量入口的呢？

最初，脸书仅仅是在美国的某些大学流行，只是一款大学生交友软件，甚至被一些人称为调情工具。原因是在它的主页上除了可以放自己的个人照片外，还可以填写自己的兴趣、学校、所选课程、是否单身等，通过脸书大家可以知道自己的朋友选了什么课程，也就可以知道自己在哪里可以遇到心仪的人，可以知道跟自己调过情的人叫什么名字。

脸书诞生于哈佛大学，很快就在其他大学流行开来，大学生们只需用自己的学校专用邮箱就可以申请到一个账号。当时 Myspace 正处于势头正旺的阶段，也在抢占校内资源。当时扎克伯格采取了两个策略应对，一是"呼声效应"，当某大学的学生对脸书的呼声到达一定程度时，他才会给这所学校开放资源；二是"包抄策略"，当某所大学的学生长时间没有响应时，就先对其周围的学校"下手"。当周围学校的学生都开始使用脸书，那么被包围的那所学校的学生也会受到影响，因为他们与周围学校的学生有人脉联系，若朋友们都在使用脸书，自己肯定也会去下载。

当大学生市场逐渐饱和，扎克伯格把目标投向了高中生市场，并逐渐对全国开放，还解决了原有的邮箱准入制度，允许企业免费注册主页。脸书不断推出新的功能，不断地优化服务。脸书给予用户发布软件的权限，用户设计的软件可以通过这个平台让其他用户看到并且使用。许多软件开发商通过在这个免费平台上展示软件，吸纳用户而赢利。

当脸书想走向世界的时候，遇到了语言问题。通常的做法付一大笔钱让翻译公司来做，但是脸书的做法让人眼前一亮。像之前开放软件平台一样，扎克伯格让用户来做翻译工作。他利用识别程序从中选出最好的翻译。让人惊喜的是，几个月的翻译工作量在脸书用户的努力下，几个星期就完成了。脸书成功地成为全世界的社交平台。

脸书的用户数量吸引了众多广告商和投资商。但是扎克伯格认为做那么多广告并没有什么意义，所以脸书的主页一直很简单，只有一些对用户有用的小广告。对于不断增长的用户数量，小广告的收入难以维持平台的运作，所以脸书在前期一直是靠烧钱维持的。直到 2008 年雪莉·桑德伯格加入进来，做大广告，脸书开始赢利。

"免费"变"入口"，"入口"变"现金"，这就是免费赚钱的秘诀。在中国这样赚钱的企业也有很多，除了 360 外，百度、腾讯其实都是在做入口。

"让人们更便捷地获取信息，找到所求"，这是百度创立至今不变的使命。只要上百度，我们就可以获得自己想要的知识。百度为网民提供基于搜索引擎的系列产品与服务，全面覆盖了中文网络世界的搜索需求，而且这些海量资源都是免费的。试想一下，有哪个机构可以免费为人们打造一个这么全面的知识宝库？百度能做好如此大的工程，全靠平台思维。

为什么这么肯定呢？百度从始至终都没有专门负责百度百科、百度经验、百度文库等的团队，它只是提供一个开放式平台，让有知识并愿意分享知识的人在此表达自己的观点。就拿百度经验来说，中国 13 亿人，假设有 10 亿人愿意分享自己的经验，每人一条，就是 10 亿条经验，何况分享达人每天都在分享，数据量可想而知。网民都是心甘情愿地为百度创造数据，乐在其中。为了让数据越来越多，满足更多的搜索需求，百度也会想一些办法去激励这些创作者。

百度的赢利方式是采用以效果付费的网络推广方式实现营收。借助超大流量的平台优势，联合各类优质的网站建立了世界上最大的网络联盟，从中获利。

拥有几亿用户的腾讯 QQ 是一款普通的即时通讯软件，一直是免费使用，因此也吸引了海量用户。腾讯 QQ 有很多增值服务，满足用户的个性化需求，比如 QQ 游戏、QQ 音乐、QQ 钻、QQ 空间等。用户也愿意为个性化服务付费，认为这是理所当然的。这也成为腾讯的核心赢利点。腾讯的免费思维是以强大的免费服务吸引海量用户群，当用户群足够庞大时，就可以作为"入口"为广告商或者各种网站带来收益。玩 QQ 空间的人一定发现现在的 QQ 空间和以前的不太一样了，以前只能看到好友圈的动态，而现在还可以看到 QQ 空间官方账号发的各种广告。每点击一次，就会实现一次"流量导入"。微信的朋友圈也是一样的"流量入口"。

豆丁网也在做同样的事情。豆丁网是一个 C2C 的文档分享平台，其收入来源是那些有价值、分享度高的文本。对这些文本采取收费制，意思是用户在下载这些文本时必须要付费，而文本创作者必须将部分所得给豆丁网。和扎克伯格的理念有点相似，豆丁网的最终目标是建设中国最具价值的文本共享平台，所以平台上的大部分文本都是免费的，而营收项目也会慢慢从分成模式转换成以广告获利为主。

据统计，世界百强企业中就有 60 家公司在运用平台思维，而中国前 20 强新兴公司中，有 70% 以上的公司采取的也是平台思维。平台思维已经势不可挡，持续推动着企业快速成长。在国内有很多这样的案例。

案例一：互联网女装公司韩都衣舍在 2006 年成立。随着互联网的快速发展，从 2010 年开始，公司对组织内部做了很大调整。将内部职能一分为二，将服装设计、平面设计、定价等进行职能平台化，同时将市场营销、仓储物流、生产、IT、后台支持等交给平台上的负责小组。小组成员的收入与销售成绩直接挂钩，他们按照销量和毛利拿提成。这使得韩都衣舍能够在短时间内抓住潮流，了解市场方向，在互联网女装市场占得先机。

案例二：上汽集团打造的车享网在 2014 年正式上线，这是国内首个汽车行业的 O2O 平台。除了上汽集团旗下的各大汽车品牌产商和数千经销商、服务商，车享网也欢迎其他汽车维修、保养、服务企业入驻，为其"导流"。同时启动车享汇，整合各路资源，为消费者提供更全面的服务。为了避免多种战略共同实施引发的不必要的冲突，车享网先聚焦自有品牌，带动其他合作者加入平台，之后再考虑竞争品牌和销售环节。

案例三：2006 年成立的返利网在"导流"这方面的成功值得一提。普通购物网站的用户转化率只有千分之一，像京东商城、淘宝网这样的大型电子商务平台，也分别只有 3% 和 7%，而返利网的用户转化率高达 25%，它的投入资金只有十多万元。

返利网的创始人葛永昌在一次偶然的机会接触到了美国的 Pactec 软件，利用这个软件既可以给企业带来订单，又能帮助用户省钱，于是葛永昌尝试着将这种多赢策略运用到 B2C 领域，便在工作之余开发了返利网。没想到在短短几个月就开始赢利了，2010

年，在 B2C 网站迅速发展的大环境下，返利网的业绩也迎来了爆发性增长。

目前返利网有超一亿用户，每月返利金额超 1 亿元，拥有 400 多家电商合作伙伴、12000 多个品牌合作商，为 B2C 网站带去数亿元人民币的销售额，每月都给消费者带来数千万元返利优惠，成了国内最大的返利网站。

在葛永昌看来，提供更加多维的消费体验和满意的服务才能留住现有消费者，吸纳更多消费者，所以返利网建立了自己的论坛，消费者每天都上传上万张照片进行晒单，分享购物体验。不仅如此，返利网还运用易货思维，为消费者提供交易平台，以便他们交换优惠券。消费者用自己用不到的优惠券，通过交易平台换到自己需要的优惠券。对于返利网这样的平台而言，用户是基础，离开用户是难以持续发展的。没有了"流量"，谈何"入口"。所以返利网需要留住用户、增加用户黏性、吸引更多的用户参与进来，同时还必须要有庞大的商家资源，给用户更多的购物选择，因为用户越多，个性化的需求就会越大。

返利网的平台思维很简单，用户通过返利网进入京东商城或者亚马逊等网站进行购物时，可以获得返利网奖励——积分，当积分达到一定数量时，就可以折现返回到用户的账户上。折现返回的优惠实际上是京东等第三方网站支付给返利网的广告费，而返利网的收入则源自其中的利差。消费者直接去京东等网站购物可能没有这么大的折扣，但是有了返利网这个平台，购物返积分，积分返现，节省了购物成本。

去哪儿网致力于给用户提供最优惠的机票，从各方搜集折扣机票，使用户省了查找折扣机票的时间。航空公司需要降低座位的空置率，会找各种渠道来销售机票，并不是每个人都掌握搜索到最优惠机票的技巧，去哪儿网把这些难得的信息收集起来，为用户提供方便，而且是免费的。

去哪儿网不向用户收取费用，主要有两个原因。去哪儿网把自己定位为媒体，为用户提供精准的旅游资讯，它自身不产生信息，而是通过搜索引擎找到第三方信息，抓取过来。去哪儿网注册的企业名称是"趣拿软件技术公司"，可见它致力于抓取信息的技术。在互联网行业，目前还没有哪个媒体向用户收取费用，所以去哪儿网也没道理向用户收费。免费是招揽用户最有效的方法，用户的数量越多，用户的信息量也就越大，边际成本就越低，所以去哪儿网能做到免费向用户提供优惠机票的信息。

去哪儿网的赢利来源是广告，这一点与携程有很大差别，携程的赢利模式是与企业进行销售分成。而去哪儿网明确自己的目标是为用户提供信息，而不是成为一个代理商。去哪儿网的广告模式分为两种，第一种是传统的按播放次数收费，第二种是按点击量收取费用，二者的收益不分上下。目前去哪儿网拥有三千多万用户，可以实时搜索 12000 条航线，以及 400 家航空公司或机票代理商提供的机票信息。

去哪儿网有众多的竞争对手，比如携程、酷讯等机票搜索引擎，或是百度、谷歌等信息搜索平台。任何企业都有它存在的价值和优势，那么去哪儿网的竞争优势是什么呢？答案是精准，不仅是搜索结果精准，还有网站自身的定位精准。凡在去哪儿网上搜索到的折扣机票和酒店，95% 以上都可以买到或订到，至于剩下的 5%，大都是因为已经售罄，而网站没能来得及更新信息所导致。